Themenbände Religion

Wer bin ich + was kann ich?

Religiöse und ethische Grundfragen
kontrovers und schülerzentriert

Andreas Hausotter

Cornelsen

Der Autor

Andreas Hausotter hat die Fächer Latein, Geschichte und Katholische Theologie studiert und unterrichtet an einem bayerischen Gymnasium.

Projektleitung: Franziska Wittwer, Berlin
Redaktion: Doreen Wilke, Berlin
Umschlagkonzept/-gestaltung: Ungermeyer, Berlin
Umschlagfoto: © awhelin #49055618 – fotolia.com
Technische Umsetzung: krauß-verlagsservice, Niederschönenfeld

www.cornelsen.de

1. Auflage 2016

Druck: DBM Druckhaus Berlin-Mitte GmbH

ISBN 978-3-589-15045-8

Inhalt

Vorwort 4

1 Lebensraum Schule

Hinweise für Lehrkräfte 5

Schule früher 5

Schule und ich 6

Träume nach dem Schulabschluss 6

Das war mein FSJ 7

FSJ, FöJ, BFD – Was ist das? 7

So viel wird für Schulbildung ausgegeben 8

Schule – alles umsonst? (Kosten eines Schülers) 9

So sieht Schule woanders aus 9

Kopiervorlagen 1–8 11

2 Beruf – mein zukünftiger Lebensraum?

Hinweise für Lehrkräfte 19

Stellenanzeige 19

Bewerbungsschreiben 20

Berufe und ihr Ansehen 21

Arbeit bringt Geld! 22

Was verdient eigentlich …? 22

Was vom Gehalt übrigbleibt 23

Mein Traumberuf 23

Berufe in der Klasse vorstellen/Diesen Beruf finde ich interessant 24

Darum habe ich mich für diesen Beruf entschieden 24

Zeitmanagement 25

Kirchliche Berufe – eine Alternative? 25

Nonne – ein alltäglicher Beruf? 26

Eine ungewöhnliche Entscheidung 26

Der Tagesablauf in einem Kloster 27

Kopiervorlagen 9–22 28

3 Wer bin ich und was kann ich?

Hinweise für Lehrkräfte 45

Wer ist das? 45

Wer bin ich? 46

Das mache ich gern 47

Wer bist du? 47

Der heiße Stuhl (Teil 1)/Arbeitskarte für die Lehrkraft 48

Der heiße Stuhl (Teil 2) 49

Kopiervorlagen 23–27 50

Vorwort

Sehr geehrte Kolleginnen und Kollegen,

mit dem Abschließen der neunten Jahrgangsstufe müssen sich Hauptschüler* bereits entscheiden, ob sie einen Weg in den Beruf wählen oder einen höheren Schulabschluss anstreben. Für Realschüler stellt sich diese Frage nur ein Jahr später. Lediglich für Abiturienten liegt die Wahl, ob man studieren oder eine Berufsausbildung antreten möchte, scheinbar noch in weiter Ferne. Allen Schülern stellen sich aber die gleichen Fragen: Wer bin ich eigentlich? Was sind meine Stärken und Schwächen? Welchen Beruf möchte ich ausüben, welchen Studiengang absolvieren?

Unabhängig von einer anstehenden Berufswahl stellt das Teenageralter insbesondere in der Pubertät die Schüler immer wieder vor die Frage, welche Stellung sie innerhalb einer Gruppe haben. Sie beginnen, die Diskrepanz zwischen Selbst- und Fremdwahrnehmung zu erkennen, und müssen akzeptieren lernen, dass man nicht immer so auf andere wirkt, wie man das gern möchte.

Auf der anderen Seite zweifeln viele Jugendliche an sich und fragen sich, welche Stärken sie überhaupt haben. Gerade hier kann die Fremdwahrnehmung von Vorteil sein, wenn man auf Stärken und Fähigkeiten hingewiesen wird, die man an sich noch nicht kannte.

Die Materialien in diesem Arbeitsheft sollen die Schüler dabei unterstützen, ihre Fähigkeiten zu erkennen, aber auch, sich Gedanken über ihre Zukunftswünsche zu machen und sich zu überlegen, was sie mit ihrem Leben anfangen wollen. Auf manchen Arbeitsblättern werden sie dazu aufgefordert, viel von sich preiszugeben oder in der Gruppe offen über sich oder andere zu sprechen. Hier sollten im Vorfeld klare Regeln aufgestellt und Grenzen im höflichen Umgang miteinander gezogen werden, damit die Schüler diese Stunden als gewinnbringend und nicht als Belastung empfinden. Ferner sollte kein Schüler dazu gezwungen werden, private Details in der Gruppe zu erzählen.

Beim Einsatz der vorliegenden Materialien wünsche ich Ihnen und Ihren Schülern viel Freude.

Andreas Hausotter

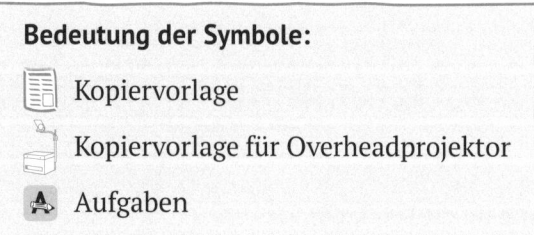

Bedeutung der Symbole:

📄 Kopiervorlage

🖨 Kopiervorlage für Overheadprojektor

🄰 Aufgaben

* Der Einfachheit halber und zur besseren Lesbarkeit wird in diesem Arbeitsheft nur die Bezeichnung „Schüler" verwendet. Schülerinnen sind dabei selbstverständlich ebenfalls angesprochen.

Lebensraum Schule

Hinweise für Lehrkräfte

Wie Schule funktioniert und wie der Schulalltag abläuft, das wissen mit Sicherheit alle Ihre Schüler. Aber macht man sich noch darüber Gedanken, warum man in die Schule geht? Welche Chancen Schulbildung ermöglicht und dass Schule weit mehr bedeutet, als einen Teil des Tages von zu Hause weg zu sein? Für viele pubertierende Jugendliche mag Schule auch etwas Belastendes an sich haben: ständig früh aufstehen, zu festen Zeiten an festen Unterrichtsorten sein und möglicherweise auch Schulfächer durchlaufen, an denen man wenig bis kein Interesse hat.

Aber: In Entwicklungsländern würden Jugendliche viel dafür geben, auch nur annähernd so eine gute Schulbildung zu erhalten, wie das in Deutschland möglich ist. Doch so weit muss man gar nicht schauen: Für einen Teil der Jugendlichen endet im Alter von ca. 15 Jahren das Schülerdasein und es erfolgt der Einstieg in das Berufsleben. In frühem Alter muss man sich auf eine Berufsausbildung festlegen, mit der man unter Umständen viele Jahre lang seinen Lebensunterhalt bestreiten wird oder die zumindest die Grundlage für eine weitere Qualifizierung darstellt.

Deshalb ist es lohnenswert, sich mit dem Thema „Schule" auseinanderzusetzen, einem Ort, an dem die Schüler je nach Alter noch einige Jahre verbringen werden.

Im folgenden Kapitel soll neben dem Schulalltag auch auf die Kosten für den Unterricht eingegangen werden, um Schülern zu verdeutlichen, dass es die Gesellschaft sehr wichtig nimmt, jungen Menschen eine gute Ausbildung zukommen zu lassen. Außerdem findet sich ein Ausblick auf die Möglichkeit, sich nach der Schullaufbahn in einem Freien Sozialen Jahr (FSJ), Freien ökologischen Jahr (FöJ) oder im BundesFreiwilligenDienst (BFD) sozial zu engagieren.

· ·

Schule früher

KV 1, S. 11

> Bevor man sich dem gegenwärtigen Schulalltag widmet, ist es recht lohnenswert, einige Jahrzehnte zurückzuschauen (in diesem Fall ein ganzes Jahrhundert), um Unterricht, wie er früher stattgefunden hat, zu betrachten. Die Schüler sollen daran erkennen, dass sie in relativ kleinen Klassen (auch eine Klasse mit 30 Schülern ist noch vergleichsweise klein!) unterrichtet werden und dass Unterrichtsdisziplin früher wohl anders definiert wurde als heute.

Aufgabe 1   **Bildbeschreibung**

Es handelt sich um einen recht großen Raum mit einer Hakenleiste für die Kleidung an der Wand. Die Wände sind in zwei unterschiedlichen Farben gestrichen. Es sind keine elektrischen Geräte erkennbar, ebenso wenig Dekoration durch Bilder/Karten.

Im Raum stehen Holzpulte in acht Reihen und zwei Spalten, an den Pulten sitzen meist vier Schüler, es handelt sich offensichtlich um eine Knabenschule.

Die Schüler halten ihre Hände gefaltet auf dem Pult, als ob sie beten würden.

Insgesamt sind über 40 Schüler im Klassenzimmer.

Die Schüler scheinen alle gleich alt zu sein.

Hinter den Tischreihen steht ein mit Anzug und Krawatte gekleideter Mann und wacht über die Schülerschaft. Unschwer zu erkennen ist, dass dieser Mann der Lehrer ist.

1

Vergleich mit aktueller Schulsituation

Hier werden die Antworten je nach Schulgröße und Klassenstärke voneinander abweichen. Unterschiede sind zu erwarten hinsichtlich:

▷ Klassengröße (es gibt keine Schulklassen mehr mit über 40 Schülern)
▷ Ausstattung der Klassenzimmer (Geräte, Möbel, Sitzordnungen)
▷ Lehrerpersönlichkeit
▷ Geschlechtertrennung bei Sitzordnung

Schule und ich

KV 2,
S. 12

Wer kennt das nicht: Auf der einen Seite die Schüler, die freudig am Unterricht teilnehmen oder sich zumindest mit dem Schulalltag arrangiert haben und ihren Unwillen nicht direkt zeigen, auf der anderen Seite die Schüler, denen man sofort ansieht, dass sie eher gezwungenermaßen im Unterricht sitzen. Beide Positionen sind verbalisiert auf dem Arbeitsblatt zu finden. Aber natürlich gibt es sehr viele Zwischenstufen oder auch ganz andere Einstellungen gegenüber der Schule.

Die Schüler sollen sich Gedanken darüber machen und sich klar werden, wie sie eigentlich zur Schule stehen und was sie daran positiv oder negativ finden. Dies soll keine Aufforderung dazu sein, sich seinen Unmut von der Seele zu schreiben (wobei das Arbeitsblatt auch Anlass zu dieser Möglichkeit bieten kann).

Die Lehrkraft sollte deshalb den Schülern ausreichend Zeit einräumen, sich ernsthaft positive wie negative Punkte zu überlegen. Da die Wahrnehmung von positiven und negativen Aspekten der Schule sehr individuell ist, sollte das Arbeitsblatt auch in Einzelarbeit und nicht in Gruppen- oder Partnerarbeit bearbeitet werden. Aber es bietet sich an, in Kleingruppen über die individuellen Ergebnisse zu diskutieren oder diese ggf. an einer Pinnwand in der Klasse auszustellen. Somit wird schon durch die verschiedenen Farben optisch dargestellt, ob es mehr Positives oder Negatives für die Schüler an der Schule gibt, und es wird den Schülern auch deutlich, wie unterschiedlich man manche Aspekte des Unterrichtsalltags wahrnehmen kann.

Träume nach dem Schulabschluss

KV 3,
S. 13

Auf diesem Arbeitsblatt dürfen sich die Schüler Gedanken über die Zeit nach dem Schulabschluss machen. Denn irgendwann wird dieser Tag kommen und sie werden feststellen, dass Schule nicht nur um ihrer selbst willen existiert, sondern dass man einen Großteil des Wissens und der Fähigkeiten, die man sich angeeignet hat, auch praktisch anwenden kann. Für viele Schüler führt der Weg aber nicht direkt von der Schulbank ins Berufsleben, sondern sie nehmen sich einige Monate Zeit, um die Welt zu bereisen, sich sozial zu engagieren oder um sich einfach zu orientieren.

So fern dieser Zeitpunkt für manche Schüler auch sein mag, es schadet nicht, sich Gedanken darüber zu machen und ein grobes Ziel vor Augen zu haben, auf das man in der Schule hinarbeitet. Diese Gedanken sollen die Schüler in Form eines Briefs an einen wahren oder fiktiven Freund zu Papier bringen. Die Briefe können von den Schülern in der Klasse vorgelesen oder an einer Pinnwand zur allgemeinen Lektüre ausgehängt werden. Allerdings sollte kein Schüler dazu gezwungen werden, seinen Brief zu veröffentlichen.

Das war mein FSJ

KV 4,
S. 14

Nach der Schule beginnt ein neues Leben. Jahrzehntelang hieß dies zumindest für die jungen Männer: mehrere Monate Wehrpflicht oder Zivildienst absolvieren. Viele nicht eingezogene Männer und Frauen entschieden sich für ein FSJ – ein Freiwilliges Soziales Jahr –, das zu ähnlichen Bedingungen stattfand wie der Zivildienst.

Doch auch nach dem Aussetzen der Wehrpflicht sind viele FSJ-Stellen im Angebot und sie werden auch von zahlreichen jungen Menschen genutzt. Der Wunsch, sich sozial zu engagieren, oder einfach das Interesse an etwas Neuem für kurze Zeit oder auch eine Ahnungslosigkeit, wohin der berufliche Weg einmal führen soll, – die Motivationsgründe sind so zahlreich wie die jungen Menschen.

Das vorliegende Arbeitsblatt konfrontiert die Schüler mit den kurzen Statements eines Mannes und einer Frau, die ein solches FSJ absolviert haben und sich über diese Erfahrung positiv äußern.

Aufgabe 1 **Zusammenfassung der dargestellten Erlebnisse**

▷ Matthias: Weiterentwicklung der Persönlichkeit im Bereich Teamfähigkeit, Selbständigkeit und Offenheit. Kennenlernen interessanter Menschen und Schließen neuer Freundschaften.

▷ Margarete: Umgang mit unterschiedlichen Menschen, Lernen fürs Leben, erfolgreiche Berufsorientierung (Studium der Sozialpädagogik).

Aufgabe 2 **Mögliche negative Erfahrungen aus dem FSJ**

Enttäuschungen sind immer möglich, beispielsweise:

▷ Abweichung der tatsächlichen Arbeit von den Vorstellungen davon

▷ unangenehme Kollegen/unangenehmes Umfeld

▷ unschöne Arbeitszeiten

▷ langweiliger Alltag

Aufgabe 3 **Eigenes Interesse an FSJ?**

Hier sollen die Schüler für sich selbst überlegen, ob ein FSJ für sie infrage kommen würde, und ihre Einstellung dazu darlegen. Dies kann schriftlich oder auch in einer Diskussion erfolgen.

FSJ, FöJ, BFD – Was ist das?

KV 5,
S. 15

Um über Themen diskutieren zu können braucht es auch eine gewisse Basis an Kenntnissen. Diese soll anhand des Arbeitsblattes erarbeitet werden. Um die Aufträge erledigen zu können, ist eine Internetverbindung erforderlich.

Aufgabe 1 **Begriffserklärung**

▷ FSJ: Freiwilliges Soziales Jahr

▷ BFD: BundesFreiwilligenDienst

▷ FöJ: Freiwilliges ökologisches Jahr

Aufgabe 2 **Dauer**

▷ 6–18 Monate, i.d.R. 12 Monate

Aufgabe 3 **Einsatzmöglichkeiten außerhalb Deutschlands**

▷ Ja, dies ist je nach Anbieter möglich, aber manchmal auch mit Kosten verbunden.

Aufgabe 4 **Vergütung**

▷ Maximal 363 Euro pro Monat, im Durschnitt aber rund 150 Euro.

Aufgabe 5 **Bereiche für das FSJ**

▷ z.B.: Krankenhaus, Pflegeheim, Rettungsdienst, Jugendfeuerwehr, Sportverein, Behinderteneinrichtung, Kirchengemeinde, Museum ...

Aufgabe 6 **Interessanter Einsatzbereich**

Hier wird eine individuelle Antwort erwartet. Möglicherweise wird auch kein Interesse an einem FSJ bekundet.

So viel wird für Schulbildung ausgegeben

KV 6,
S. 16

> Schüler bekommen in der Regel nicht mit, dass ihre Schulausbildung nicht kostenlos ist: Es wird kein Eintritt verlangt, die Lehrer beziehen ihr Gehalt i.d.R. vom Schulträger und eine Rechnung über Schulbildung wird auch nicht gestellt. Trotzdem wendet vor allem der Staat sehr viel Geld auf, um jungen Menschen eine gute Schulbildung zu ermöglichen.
> Die Schüler sollen anhand der Folie darüber informiert werden, wie hoch die Bildungskosten der einzelnen Bundesländer im Jahre 2012 waren, und sich Gedanken über diese Kosten machen.

Aufgabe 1 **Bewertung der dargestellten Summen**

Aus der Sicht der Schüler sollten die Summen relativ hoch sein, da sie das monatliche Taschengeld sicherlich bei Weitem übersteigen. Außerdem sollte auffallen, dass es große Abweichungen gibt: Baden-Württemberg liegt beispielsweise genau im Bundesdurchschnitt, während Thüringen die höchste Summe und Nordrhein-Westfalen die niedrigste Summe ausgibt. Als Hintergrund ist für die Schüler sicherlich wissenswert, dass Schulbildung Länderangelegenheit ist, somit die einzelnen Bundesländer entscheiden können, wie viel sie in Schule investieren.

Aufgabe 2 **Alternative Investition des Geldes**

Hier sollen die Schüler das Geld virtuell ausgeben, um sich eine Vorstellung davon zu machen, wie hoch die jährliche Summe ist, die für ihre Schulbildung eingesetzt wird. Als Vergleichswerte sind Handys, Urlaube oder auch Autos gut vorstellbar.

Aufgabe 3 **Unterschiedliche Ausgaben nach Bundesländern**

Eine absolut hieb- und stichfeste Antwort kann hier nicht gegeben werden. Mögliche Antworten sind aber:

▷ unterschiedliche Lehrergehälter
▷ verschiedene Klassen- und Schulstärken
▷ Zusatzangebote (Sozialarbeiter, Nachmittagsbetreuung ...)
▷ unterschiedliche Gewichtung der Bedeutung von Schule und Schulausbildung

Schule – alles umsonst? (Kosten eines Schülers)

KV 7,
S. 17

Die Überlegung, ob Schule umsonst und gratis ist, beschäftigt die Schüler auch auf diesem Arbeitsblatt. Sie werden nun mit den Kosten konfrontiert, die rein statistisch für ihre eigene Schulbildung anfallen. Bei den folgenden Berechnungen wird der Bundesdurchschnitt von 6.300 Euro/Jahr angenommen. Die Zahlen für die einzelnen Bundesländer sind auf der Kopiervorlage 6 zu finden.

Aufgabe 1 **Kosten der Schullaufbahn**

▷ Schulpflicht (Haupt-, Mittel-, Realschule):   10 Jahre × 6.300 Euro ⇨ 63.000 Euro
▷ achtstufiges Gymnasium: 12 Jahre × 6.300 Euro ⇨ 75.600 Euro
▷ neunstufiges Gymnasium: 13 Jahre × 6.300 Euro ⇨ 81.900 Euro

Aufgabe 2 **Einbezug der „Nebenkosten"**

▷ Schulpflicht: 63.000 Euro + 4.000 Euro ⇨ 67.000 Euro
▷ achtstufiges Gymnasium: 75.600 Euro + 4.800 Euro ⇨ 80.400 Euro
▷ neunstufiges Gymnasium: 81.900 Euro + 5.200 Euro ⇨ 87.100 Euro

Aufgabe 3 **Gründe für hohen finanziellen Aufwand**

▷ Staat braucht Steuerzahler. Je besser die Bildung, umso besser Beruf und Einkommen, somit steigt auch die Höhe der Steuerzahlungen.
▷ Staat möchte im internationalen Vergleich im Bereich der Bildung nicht hintanstehen.
▷ Staat hat die Pflicht, einen Schulbesuch zu ermöglichen (Schulpflicht!).
▷ Eltern wollen das Beste für ihre Kinder. Dazu gehört auch eine entsprechende Schulbildung.
▷ Eltern wollen ihren Kindern evtl. Chancen bieten, die sie nie hatten.

So sieht Schule woanders aus

KV 8,
S. 18

Der Blick richtet sich nun auf Gebiete der Welt, in denen das Thema „Schule" von ganz anderer Bedeutung ist: In Entwicklungsländern besteht oft keine Schulpflicht: Für viele Kinder gibt es nicht einmal die Möglichkeit, eine Schule zu besuchen, denn die nächste Schule ist zu weit weg, die Familie kann das Schulgeld nicht zahlen oder das Kind muss schon durch einen eigenen Beruf zum Unterhalt der Familie beitragen. Was also von manchen Kindern und Jugendlichen hierzulande als Qual empfunden wird, ist dort ein Hoffnungsschimmer: der Besuch einer Schule. Dies sollen die Schüler durch das Bearbeiten des Arbeitsblattes auch erfahren.

Das Ziel kann für die Klasse sein, sich sozial für ein Schulprojekt zu engagieren: Oft helfen relativ kleine Beträge, um einem Kind in einem Entwicklungsland den Schulbesuch zu ermöglichen, es gibt zahlreiche ernstzunehmende Institutionen, die sich dieser Aufgabe widmen.

Aufgabe 1   **Information über Projekte, die sich mit Bildung beschäftigen**

Beispielsweise Projekte von Unicef und manchen Kindernothilfen. Informationen gibt es im Internet, z.B. unter www.unicef.de

Aufgabe 2   **Bericht für Schülerzeitung**

Diese Texte können sehr unterschiedlich ausfallen: Sie können vom Schulalltag berichten, einen Spendenaufruf enthalten, einen Vergleich zwischen dem deutschen und dem vorliegenden Schulalltag enthalten.

Aufgabe 3   **Projekt**

Viele Klassen haben den Wunsch, sich sozial zu engagieren. Warum nicht für die Schulbildung anderer Kinder? Wie ein Projekt konkret aussehen kann, das hängt auch von der jeweiligen Schülerschaft und dem Umfeld in der Schule ab: Gibt es die Möglichkeit, z.B. Kuchen oder Waffeln in der Pause zu verkaufen? Ist ein Aktionsstand beim nächsten Schulfest möglich?

Schule früher

Schule und Unterricht verändern sich. Das hast du sicherlich schon festgestellt, wenn deine Eltern oder Großeltern aus ihrer Schulzeit erzählen. Vieles davon kann heute nur noch als seltsam bezeichnet werden. Bilder können uns einen kleinen Eindruck davon vermitteln, wie Schule früher ausgesehen hat.

Das folgende Bild zeigt dir eine Schulklasse. Es wurde vor rund 100 Jahren aufgenommen.

Shutterstock/LiliGraphie

1. Beschreibe das vorliegende Bild. Gehe dabei auf die Personen und die Räumlichkeit ein.

2. Vergleiche die Schule/Klasse auf dem Bild mit deiner Schulsituation. Halte Gemeinsamkeiten und Unterschiede fest.

Schule und ich

Jeden Tag das Gleiche: morgens früh aufstehen, sich auf den Schulweg machen, total müde im Klassenzimmer ankommen und sofort für die nächsten Stunden Höchstleistungen abrufen. Dazu der ständige Wechsel von Fächern: Mathematik, Englisch, Chemie ... Wer soll dieses Kontrastprogramm eigentlich aushalten?

Wieder ein Schultag. Wieder die Chance, aus verschiedenen Fachbereichen Grundlagen für einen Beruf zu lernen. Oder einfach nur die Chance, mir Wissen anzueignen, das mir im Leben etwas bringen kann. Viele andere Jugendliche haben diese Chance nicht. Ich hoffe, ich kann sie gut genug nutzen.

 Diese beiden Aussagen sind bestimmt Extrempositionen zum Thema „Schule". Keiner von beiden musst du vorbehaltslos zustimmen. Aber was ist deine Meinung über Schule? Was gefällt dir, was gefällt dir nicht? Bringe deine Gedanken zu Papier und notiere um das Wort „Schule" die positiven und die negativen Aspekte, die dir dazu einfallen. Verwende dafür zwei verschiedene Farben.

SCHULE

Träume nach dem Schulabschluss

Den Schulabschluss in der Tasche – und dann? Eine Berufsausbildung?
Einen weiteren Schulabschluss? Ein Studium?
Oder ein Jahr Erfahrungen sammeln? Eine Zeit lang ins Ausland? Work and Travel?
Ein Freiwilliges Soziales Jahr?
Die Welt scheint einem offen zu stehen, wenn man die Schullaufbahn beendet hat.
Aber die Freiheit hat auch ihren Preis: Man muss sich frühzeitig überlegen, welchen Weg
man einschlagen möchte, und nicht selten verlangt dieser Weg eine gute Planung und
jede Entscheidung hat ihre Konsequenzen. Im Ausland kann ich Freunde und Familie für
lange Zeit nicht sehen. Dafür lerne ich womöglich keine fremde Kultur kennen, wenn
ich mich für ein Studium in der nächsten Uni-Stadt entscheide.

 Hast du schon Pläne oder Wünsche, was du machen möchtest, wenn du deinen
Schulabschluss in der Tasche hast?
Verfasse dazu einen kurzen Brief an eine Freundin oder einen Freund, in dem du
deine Pläne bekannt gibst und auch die Gründe dafür.

Das war mein FSJ

Nach dem Schulabschluss gleich eine Ausbildung beginnen? Oder direkt an der Uni einschreiben? Für viele Jugendliche und junge Erwachsene ist das noch keine Option. Sie wünschen sich noch ein paar Monate Freiraum, um sich darüber klar zu werden, welcher zukünftige Weg der richtige ist. Eine Möglichkeit, diese Monate sinnvoll zu gestalten, ist ein FSJ, ein „Freiwilliges Soziales Jahr". Zwischen sechs und 18 Monate kann ein solches FSJ dauern. Bereiche, in denen man sich engagieren kann, gibt es zuhauf: Das kann der Dienst in einer Jugendherberge sein, in einem Altersheim oder auch im kulturellen Bereich. Für fast alle Interessen gibt es Angebote. Und man arbeitet nicht umsonst: Es gibt eine finanzielle Vergütung. Aber wichtiger und prägender sind die Erfahrungen, die man in dieser Zeit sammelt. Zwei Berichte findest du hier:

Matthias hat sein FSJ an einem Landschulheim absolviert:

„Durch den Freiwilligendienst konnte ich meine Persönlichkeit weiterentwickeln, wie z. B. Teamfähigkeit, Selbständigkeit und die Offenheit gegenüber anderen Menschen. Außerdem lernte ich viele neue und interessante junge Menschen auf den Seminaren kennen. Ich schloss neue Freundschaften und erfuhr wissenswerte Neuigkeiten für den weiteren Lebensweg."*

Margarete berichtet Folgendes:

„Dieses FSJ zu machen war meine beste Entscheidung nach der Schule! Ich habe so viel dazugelernt. Egal, ob es irgendwelche alltäglichen Sachen waren oder der ungehemmte Umgang mit unterschiedlichen Menschen. Ich habe in diesem einen Jahr mehr fürs Leben gelernt als in der Schule. Wenn ich könnte, würde ich das FSJ wiederholen. Außerdem weiß ich jetzt, was ich studieren will, nämlich Sozialpädagogik. Vorher hatte ich nicht den Wunsch, mit Menschen zusammenzuarbeiten. Doch durch die positiven Erfahrungen in meinem FSJ habe ich meine Vorstellungen über ein Studium sehr schnell geändert."**

1. Fasse kurz mit eigenen Worten die dargestellten Erlebnisse aus dem FSJ zusammen.

2. Natürlich findet man auf den Websites der Institutionen, die ein FSJ anbieten, nur positive Berichte. Kannst du dir auch vorstellen, dass man von den Erfahrungen, die man im FSJ erworben hat, enttäuscht ist? Überlege dir Beispiele.

3. Wäre ein FSJ auch etwas für dich? Begründe, warum (nicht). Überlege auch, in welchem Bereich du gern aktiv werden möchtest.

* Quelle: http://augustinum-freiwilligendienste.de/erfahrungsberichte/
** Quelle: http://www.fsj-dwhn.de/cms/main/erfahrungen/freiwillige/

FSJ, FöJ, BFD – Was ist das?

Gelegenheiten, sich für einen festgelegten Zeitraum auf ein soziales Engagement zu konzentrieren, gibt es zahlreiche. Immer wieder fallen dabei Begriffe wie „FSJ", „BFD" usw., aber was genau verbirgt sich dahinter? Eine Recherche im Internet kann Aufklärung verschaffen. Gute Anlaufstellen sind:

http://pro-fsj.de/

http://www.freiwilliges-jahr.de/

http://www.bmfsfj.de/BMFSFJ/Freiwilliges-Engagement/fsj-foej.html

http://www.bundes-freiwilligendienst.de/ausland/freiwilliges-soziales-jahr-im-ausland-fsj.html

Danach kannst du bestimmt die Aufgaben lösen:

1. Wofür stehen folgende Abkürzungen:

FSJ _____

BFD _____

FöJ _____

2. Wie lange dauert ein FSJ/FöJ/BFD?

_____

3. Gibt es auch Einsatzmöglichkeiten außerhalb Deutschlands?

_____

4. Wie sieht es mit der finanziellen Vergütung aus?

_____

_____

5. Nenne fünf verschiedene Bereiche, in denen man ein FSJ ableisten kann:

_____

_____

6. Welcher Bereich wäre am ehesten für dich interessant? Warum?

_____

_____

_____

So viel wird für Schulbildung ausgegeben

Die folgende Tabelle zeigt, wie hoch die Bildungsausgaben in den einzelnen Bundesländern pro Schüler im Jahr 2012 waren*.

Bundesland	Ausgaben in Euro
Baden-Württemberg	6 300
Bayern	6 800
Berlin	7 500
Brandenburg	6 500
Bremen	6 300
Hamburg	7 600
Hessen	6 500
Mecklenburg-Vorpommern	6 100
Niedersachsen	5 900
Nordrhein-Westfalen	5 500
Rheinland-Pfalz	6 000
Saarland	5 800
Sachsen	6 700
Sachsen-Anhalt	7 400
Schleswig-Holstein	5 600
Thüringen	8 000
Bundesdurchschnitt	6 300

1. Schau dir die Zahlen genau an. Kommen dir die Summen hoch oder niedrig vor?

2. Denke darüber nach, was man für das Geld, das in diesem Jahr in deine Schulbildung investiert wird, alternativ bekommen könnte.

3. Überlege, warum die Aufwendungen in den einzelnen Bundesländern so stark voneinander abweichen. Kleiner Tipp: Die Ausgaben pro Schüler geben keine Hinweise darauf, wie reich die Länder sind!

* Quelle: © Statistisches Bundesamt, Wiesbaden 2016
    Vervielfältigung und Verbreitung, auch auszugsweise, mit Quellennachweis gestattet.

Schule – alles umsonst?

Manchmal hat man den Eindruck, der Schulbesuch sei völlig umsonst. Und das in doppelter Hinsicht: Auf der einen Seite hat man nach einem Schultag ja ohnehin nichts oder nicht viel gelernt; der Aufwand, sich in die Schule zu begeben, war also völlig umsonst. Auf der anderen Seite hat die Schule ja nichts gekostet: Die Fahrkarte gibt es in der Regel kostenlos, ebenso steht das Gebäude ohnehin da und auch für die Lehrer, Sekretärinnen, Hausmeister und Reinigungskräfte musste noch kein Schüler am Monatsende Geld entrichten. Also: Schule umsonst und gratis?

Umsonst ist Schule sicher nicht, denn am Ende schafft man in der Regel seinen Schulabschluss und findet auch eine Arbeitsstelle. So ganz sinnfrei können die Unterrichtsbesuche also nicht sein. Dass Unterricht auch Geld kostet, davon können die Bundesländer und die Gemeinden ein Lied singen: Es wollen Gebäude gebaut und finanziert werden, das Personal will jeden Monat Geld haben, ebenso gibt es Bücher, Möbel, Wasser, Wärme ... nicht geschenkt.

Das statistische Bundesamt hat im Jahr 2015 die Kosten berechnet, die in Deutschland drei Jahre zuvor, also 2012, pro Schüler entstanden sind. Je nach Bundesland und Schulart ist dies sehr unterschiedlich, aber im Mittelwert kann man sagen, dass ein Schüler in Deutschland im Jahr 2012 rund 6.300 Euro gekostet hat. Und darin sind noch nicht alle Kosten enthalten: Auch für die Familien fallen Ausgaben an: Hefte, Schultaschen, Stifte, Ausflüge, Kopiergeld, Bastelmaterial, Taschenrechner ... Die Liste ließe sich noch ein ganzes Stück fortsetzen.

Ein Arbeitnehmer mit einem Durchschnittseinkommen* müsste rund zweieinhalb Monate nur dafür arbeiten, die Schulkosten eines Kindes zu zahlen.

Vor diesem Hintergrund erscheint Schule plötzlich gar nicht mehr als selbstverständlich und kostenlos ...

1. Berechne auf der Grundlage des Jahres 2012, wie viel deine Schullaufbahn den Staat kosten wird.

2. Rechne dazu noch pro Schuljahr 400,– Euro, die in der Familie für den Schulbesuch anfallen.

3. Du hast die ungefähren Kosten berechnet, die durch deinen Schulbesuch entstehen. Überlege nun, warum der Staat und die Familien so viel Geld in die Schulbildung investieren.

4. Auch wenn du manchmal den Eindruck hast, dass Schule dir lästig fällt und ein Leben ohne Schule angenehmer wäre: Verfasse einen kurzen Text für deine Schülerzeitung, in dem du die positiven Seiten der Schule aufzählst.

* Werte nach de.statista.com

 KV 7

So sieht Schule woanders aus

Während hierzulande von manchen Schülern über die Schulpflicht gestöhnt wird, sieht es in anderen Teilen der Welt anders aus: Über 60 Mio. Kinder auf der ganzen Welt können keine Schule besuchen, über 20 Mio. davon allein in Afrika südlich der Sahara. Diese Kinder können nicht einmal grundlegende Fähigkeiten erwerben: Schreiben, Lesen, Rechnen ... Diese Kenntnisse braucht man im Alltag und lernt sie deshalb bei uns schon in der Grundschule.

Doch was hindert die vielen Kinder in Afrika daran, eine Schule zu besuchen?

Die Antwort ist einfach: Oft fehlt es am Geld, denn in vielen Ländern muss man Schulgeld bezahlen. Von Schreibmaterialien wie Heften und Stiften ganz zu schweigen. Doch häufig sind die Eltern arbeitslos und können das Schulgeld nicht aufbringen. Somit ist die Prognose düster: Wie sollen die Kinder später eine Arbeitsstelle finden, wenn sie nicht lesen, schreiben und rechnen können?

Die Kinder, die in die Schulen gehen können, haben ganz andere Erfahrungen gemacht: Die Klassen sind teilweise so voll, dass viele Kinder stehen müssen, manchmal gibt es gar kein Schulgebäude, sodass draußen unterrichtet wird (bei schönem Wetter ja ganz angenehm – aber bei Regen und Kälte?). Wenn es ein Schulgebäude gibt, dann heißt das aber noch nicht, dass alles gut ist: Oft gibt es keine Toiletten, kein Licht, keinen Strom, keine Tafel, keine Bücher und keine Hefte. Wie soll man da vernünftig lernen?

Schulbusse sucht man oft vergeblich: Es gibt sie schlicht und einfach nicht. Deshalb sind Schulwege von zwei Stunden Fußmarsch durch teilweise gefährliches Gebiet keine Seltenheit.

Es gibt allerdings Initiativen, die sich dafür einsetzen, allen Kindern eine angemessene Schulbildung zu ermöglichen, da diese der Schlüssel zu mehr Wohlstand ist. Unter anderem engagieren sich die Kindernothilfe oder Unicef dafür.

1. Informiere dich über Projekte, die sich mit Bildung in Entwicklungsländern beschäftigen. Hinweise findest du z.B. unter www.unicef.de.

2. Verfasse einen kurzen Bericht für eure Schülerzeitung, in dem du auf die prekäre Situation der Kinder in Afrika hinweist.

3. Beratschlagt in der Klasse, ob ihr ein Projekt starten wollt, um mehr Kindern eine Schulbildung zu ermöglichen.

2

Beruf – mein zukünftiger Lebensraum?

Hinweise für Lehrkräfte

Nachdem sich das erste Kapitel mit dem gewohnten Umfeld der Schüler – nämlich Schule – beschäftigt hat, soll sich das folgende Kapitel dem Thema „Beruf" widmen. Die Schüler haben meist keine Erfahrung mit dem Berufsleben, von einem Praktikum oder einem Ferienjob einmal abgesehen. Deshalb sollen sie Gelegenheit erhalten, sich zumindest Gedanken über verschiedene Aspekte des Berufslebens zu machen. Tiefere Einblicke in einzelne Berufe sind auf theoretischer Basis eher schwer möglich, hier bieten sich sicherlich weitere Praktika an.

Stellenanzeige

KV 9,
S. 28

> „Wozu lerne ich das ganze Zeug in der Schule?" So oder ähnlich formuliert hat wohl jeder Lehrer schon Schülermeinungen gehört. In der vorliegenden Stellenanzeige wird die Frage zumindest für manche Fächer beantwortet: Wer eine Arbeitsstelle haben möchte, der muss gewisse Kriterien erfüllen und Fähigkeiten mitbringen. Das sollen die Schüler erfahren. Ebenso sollen sie erkennen, dass sie für die angebotene Stelle nicht geeignet wären, da ihnen eine passende Berufsausbildung fehlt.

Aufgabe 1 **Beschreibung der Stellenanzeige**

▷ Verschiedene Schriftgrößen und hervorgehobene Kopfzeilen: Größer geschrieben ist die ausgeschriebene Stelle „Justizangestellte(n)", etwas kleiner die Entlohnung. Weiterhin sticht deutlich der Arbeitgeber/die Arbeitsstelle hervor: „Amtsgericht Straubing".

▷ Im Zentrum der Stellenanzeige werden die Anforderungen und Aufgaben genannt. Es wird also ein Einblick gegeben in die Fähigkeiten, die ein Bewerber mitbringen muss, sowie in die Arbeiten, die ihn nach Stellenantritt erwarten.

▷ Es wird auf weitere Informationen verwiesen durch die Angabe einer Internetadresse.

▷ Die Bewerbungsfrist ist fett hervorgehoben.

▷ Die Entlohnung wird nicht offen genannt, für Eingeweihte ist sie aber nachvollziehbar: TV-L (öffentlicher Dienst).

Aufgabe 2 **Erwartungen von Schülern erfüllbar?**

Dies dürfte nicht der Fall sein, da schon die abgeschlossene Berufsausbildung fehlt und hier keine Ausbildungsstelle angeboten wird.

Aufgabe 3 **Attraktivität der Stellenanzeige?**

Hier sind verschiedene Antworten denkbar: Die Schüler können sowohl auf die (nicht) ansprechende Gestaltung eingehen sowie auch inhaltlich begründen, inwiefern diese Stellenanzeige für sie (nicht) interessant ist.

Bewerbungsschreiben

KV 10,
S. 29

Nach der Konfrontation mit einer Stellenanzeige steht nun die Auseinandersetzung mit einem Bewerbungsschreiben im Zentrum der Betrachtung: Um für ein Unternehmen attraktiv zu sein und als Arbeitnehmer in Frage zu kommen, gilt es, sich möglichst positiv zu präsentieren. Dies kann auf sehr unterschiedliche Weise geschehen, schließlich hängt die eigene Attraktivität auch immer vom Bearbeiter in der Personalabteilung ab. Das vorliegende Bewerbungsschreiben ist kein Musterbeispiel, wie man sich bei einer Firma bewerben soll. Das wird auch den Schülern relativ schnell auffallen. Sofern im Deutschunterricht schon über Bewerbungsschreiben gesprochen wurde, können die Schüler Verbesserungsvorschläge liefern oder korrigieren, wo sie Fehler zu finden glauben.

Als Einstieg zum Thema „Bewerbung" könnten die Schüler motiviert werden, sich als Berufsinteressenten vor der Klasse „vorzustellen" und zu begründen, warum sie für die Stelle als Justizangestellte(r) in Frage kommen. Der beste Bewerber (Klassenvotum) gewinnt!

Aufgabe 1 **Eignung für die ausgeschriebene Stelle**

Der Bewerber ist nicht geeignet, da er die Anforderungen nicht erfüllt (Berufsausbildung).

Aufgabe 2 **Beurteilung des Bewerbungsschreibens**

▷ unprofessionell: Formulierungen und Layout entsprechen nicht den gängigen Regeln.

▷ naiv: Ohne besondere Kenntnisse und Fähigkeiten glaubt der Bewerber, für diese Stelle geeignet zu sein. zudem gibt er auch seine Schwächen an, was bei Bewerbungsschreiben eher unüblich ist.

▷ unvollständig: Es fehlen Hinweise auf Anlagen wie Zeugnis usw. Der Bewerber gibt nichts über Familienstand/Familie/Persönliches preis, nicht einmal die Mindestangaben.

(Weitere Adjektive sind denkbar.)

Berufe und ihr Ansehen

KV 11,
S. 30/31

In alljährlichen Umfragen wird in Deutschland ein neues Ranking zu den beliebtesten Berufen erstellt. Im Großen und Ganzen sind die Ergebnisse ähnlich, einzelne Berufe erleben aber höheren oder niedrigeren Zuspruch zu Vergleichsumfragen. Dies hängt oft mit Ereignissen zusammen, die im oder kurz vor dem Umfragezeitraum eingetreten sind. So müssen beispielsweise die Lokführer an Beliebtheit einbüßen, wenn ein Lokführerstreik vorangegangen ist.

Die vorliegenden Daten stammen aus dem Jahr 2015 und sind vom Forsa-Institut ermittelt worden. Die genannten Berufe bilden nur einen kleinen Ausschnitt aus den beliebtesten Berufen ab. Die geringste Beliebtheit erfährt der Versicherungsvertreter mit 12 Punkten, der Feuerwehrmann kommt am oberen Ende der Skala hingegen auf 95 Punkte.

Die Schüler sollen diese Skala kennenlernen und mit ihren eigenen Einstellungen vergleichen. Stimmt die persönliche Vorliebe mit den erzielten Umfragewerten überein oder gibt es starke Abweichungen? Ist der eigene Berufswunsch auf der Liste nicht vertreten oder nur im unteren Bereich der Skala zu finden?

Es sollten in jedem Fall nicht nur die nackten Zahlen präsentiert, sondern auch klargestellt werden, dass die Wichtigkeit der Berufe nicht mit der Reputation in der Bevölkerung zusammenhängt. So wäre ohne Politiker ein Zusammenleben im Staat nicht möglich. Dennoch erhält der Politikerberuf nur einen Sympathie-Umfragewert von 24 Punkten. Diese Erkenntnis betrifft auch andere Berufe. Den Schülern soll aber klar werden, dass Sympathie und Antipathie sicherlich einen Baustein auf dem Weg zur Berufsfindung darstellen.

Aufgabe 1   Beschreiben der Skala

▷ Beliebte Berufe am oberen Ende, weniger beliebte am unteren Ende.

▷ Starke Unterschiede in den Extrema.

▷ Einige Berufe kommen auf sehr nahe oder identische Werte.

▷ Feuerwehrmann ist am beliebtesten, Versicherungsvertreter am unbeliebtesten.

Aufgabe 2   Erklärungsversuch (andere Antworten denkbar)

▷ Sympathie korreliert mit Wichtigkeit.

▷ Folgen des beruflichen Handelns in Sympathie ausgedrückt (Feuerwehrmann rettet, Steuerberater kümmert sich „nur" um lästige Steuern).

▷ Vorurteile aus Bevölkerung („Politiker tun doch eh nichts!").

▷ Folgen von vorangegangenen Aktionen und Ereignissen (Streiks, Diäten-/Lohnerhöhungen …).

Aufgabe 3   Zustimmung zur Rangfolge und mögliche Änderungen

Die Schüler sollen begründet Stellung nehmen, ob sie dieser Beliebtheitsreihenfolge zustimmen oder ob sie andere Vorlieben haben. Es ist auch ein Vergleich zum vorherigen Arbeitsblatt möglich.

Arbeit bringt Geld!

KV 12,
S. 32

Einen Vorteil hat das Berufsleben gegenüber dem Schülerleben: Man erhält monatlich Geld, und zwar deutlich mehr als einen Taschengeldbetrag. Unbelastet von monatlichen Fixkosten wie Versicherungen, Fahrkarten etc. sollen die Schüler einmal phantasieren dürfen, was sie mit diesem Geld anfangen wollen. Dazu bietet das Arbeitsblatt ausreichend Platz.

Im Anschluss können die Ergebnisse entweder in Kleingruppen oder im Plenum vorgestellt werden. Es ist zu erwarten, dass sich viele Wünsche überschneiden: vielleicht ein neues Handy, ein Fernseher etc.

Was verdient eigentlich ...?

KV 13,
S. 33

Wer sich für einen Beruf entscheiden muss, der wird sicherlich auch danach fragen, wie viel man jeweils verdient. Aus Schülersicht dürften selbst niedrigere Summen relativ hoch erscheinen, da sie dies meist aus der Perspektive von Taschengeldempfängern beurteilen.

Es soll aber in erster Linie nicht darum gehen, absolute Gehälter vor Augen zu haben, sondern es soll klar werden, dass nicht jeder Beruf denselben Lohn bringt, sondern dass es (teils gewaltige) Abstufungen gibt. Die vorliegenden Zahlen sind Durchschnittswerte. In der jeweiligen Region können diese Werte gravierend abweichen, meist geht dies auch mit den unterschiedlichen Lebenshaltungskosten einher: Je höher die Lebenshaltungskosten, umso höher muss auch das Gehalt sein. Weiterhin ist zu beachten, dass Berufsanfänger oft weniger verdienen als erfahrene Fachkräfte. Auch dies bildet das vorliegende Durchschnittsgehalt nicht ab.

Alle vorliegenden Gehälter sind Bruttogehälter.

Aufgabe 1   Überblick verschaffen

▷ Gehaltsspanne von 6.400 € bis 1.372 €. Ärzte verdienen am meisten, Friseure am wenigsten.

▷ Akademikerberufe sind oft besser bezahlt als Ausbildungsberufe.

Aufgabe 2   Gedanken zu Gehaltsunterschieden

▷ Gehalt ist oft auch ein Spiegel von Angebot und Nachfrage: Je seltener Bewerber im jeweiligen Beruf sind, umso höher kann das Gehalt sein. Oder die Bereitschaft der Kunden ist höher, für die jeweilige Dienstleistung mehr Geld zu bezahlen.

▷ Akademiker verdienen oft mehr, weil sie eine lange Studienzeit haben und viel später in den Beruf einsteigen: Während ein Ausbildungsberuf im Alter von ca. 16 Jahren ergriffen werden kann, fangen Akademiker oft erst mit Mitte 20 an, Geld zu verdienen.

▷ Teilweise wird die Verantwortung, die der jeweilige Beruf mit sich bringt, im Gehalt ausgedrückt: Der Arzt hat potentiell das Leben seiner „Kunden" in der Hand, während dies bei einem Handwerker eher selten der Fall ist.

Aufgabe 3 Zusammenhang zwischen Gehalt und Schulbildung

▷ Meist trifft in den vorliegenden Beispielen Folgendes zu: Akademiker verdienen mehr als Nicht-Akademiker. Wenn man weitere Berufe hinzunimmt, so wird sich dieses Bild nicht zwingend verfestigen: Akademiker im sozialen Bereich verdienen selten in ähnlichem Maße wie Lehrer oder Architekten.

Was vom Gehalt übrigbleibt

KV 14, S. 34

Nun nähern wir uns weiter der Realität: Durften die Schüler bisher noch über das Bruttogehalt reden und hierbei Vergleiche anstellen, so geht es nun um das Geld, das nach Abzug von Steuern und Versicherungen zum Leben übrigbleibt.

Natürlich ist es nicht möglich, auf dem Arbeitsblatt exakt die Nettolöhne zu berechnen, da der jeweilige Steuersatz, den der Arbeitnehmer zu zahlen hat, vom Familienstand, der Kinderzahl, seiner Kirchenzugehörigkeit und der Höhe seines Gehalts bestimmt wird. Aber eine Annäherung sollte möglich sein.

Aufgabe 1 Berechnung des Nettolohns für einen beliebigen Beruf

▷ Hierbei können die Monatslöhne des vorherigen Arbeitsblattes herangezogen werden. Bei anderen Berufen muss der jeweilige Bruttolohn recherchiert werden.

▷ Bei der Berechnung ist insbesondere auf folgende Fehlerquellen zu achten: Die Kirchensteuer und der Solidaritätszuschlag werden anhand der Lohnsteuer berechnet. Hier darf also nicht der Monatsbruttolohn zugrunde gelegt werden.

Aufgabe 2 Frei verfügbares Geld

▷ Vom Nettolohn sind weiterhin 800 €/1.000 € abzuziehen, um das frei verfügbare Geld zu ermitteln.

▷ Die Schüler sollen überlegen, ob die Wünsche und Träume, die sie sich mit ihrem Gehalt erfüllen wollen, noch realisierbar sind.

▷ Es dürfen gerne Überlegungen angestellt werden, was sinnvolle Folgerungen sind, z. B.:
  → länger auf Wunschobjekte ansparen
  → Wunschliste reduzieren
  → alternativen Beruf wählen

Mein Traumberuf

KV 15, S. 35

Unabhängig vom Monatsgehalt stellt man oft andere Wünsche an seinen Beruf: vielleicht Spaß an der Arbeit, hohes Ansehen, große Verantwortung, viele Reisen und Auslandsaufenthalte, Kontakt zu anderen Menschen … Die Palette der Wünsche ist sehr vielfältig.

Die Schüler sollen ihre eigenen Wünsche zu Papier bringen und sich einen Traumberuf erstellen, unabhängig davon, ob dieser in der Realität existiert.

Im Anschluss können die jeweiligen Traumberufe in der Gruppe vorgestellt werden.

Berufe in der Klasse vorstellen /
Diesen Beruf finde ich interessant

KV 16,
S. 36/37

Von den Traumberufen ausgehend sollen nun reale Berufsbilder in den Fokus gerückt werden: Die Schüler sollen sich konkret über Berufe, die sie interessieren, informieren und ihre Ergebnisse in der Klasse vorstellen. Dabei ist es hilfreich, wenn sie sich über verschiedene Berufe informieren und es keine Doppelungen innerhalb der Klasse gibt, um ein möglichst breites Spektrum zu bieten. Sollten die Klassenstärken zu groß sein, so können kleinere Gruppen gebildet werden, in denen die Berufe vorgestellt werden, oder es kann eine kleine Ausstellung organisiert werden, z.B. mittels einer Plakatwand. Die Art der Präsentation sollte im Vorfeld gut besprochen werden, da hiervon auch abhängt, wie die Schüler ihre Darbietung vorbereiten müssen.

Das vorliegende Arbeitsblatt „Berufe in der Klasse vorstellen" gibt den Schülern Schritt für Schritt eine Anleitung, wie sie zur Präsentation gelangen: Zunächst gilt es, sich auf die Art der Präsentation zu einigen und die einzelnen Berufe auszusuchen. Dann erfolgt die Recherche: Hier bietet das Internet auf den vorgeschlagenen Websites gute Informationsmöglichkeiten. Im Anschluss erfolgen die Auswertung der gewonnenen Informationen und die Aufbereitung zu einer angemessenen Präsentation. Abschließend werden die Ergebnisse der Klasse präsentiert.

Es bietet sich möglicherweise im Vorfeld an, das Thema „Präsentation" genauer zu besprechen: Wie präsentiere ich richtig? Was wirkt spannend/langweilig? Das Arbeitsblatt gibt zwar Hinweise, ein Verbalisieren der Anforderungen mit einer möglichen Präsentation von Positiv- und Negativbeispielen verschafft den Schülern aber womöglich mehr Klarheit.

Vor Beginn der Präsentationsrunde sollten die Schüler das Arbeitsblatt 2 „Diesen Beruf finde ich interessant" ausgeteilt bekommen. Hier können sie sich Notizen machen zu Berufen, die sie außer dem selbst recherchierten noch interessant finden, und ggf. den jeweiligen „Experten" um weitere Informationen bitten.

Zum Abschluss bietet es sich an, über die Berufe und die Präsentationen zu reden: Hat man alle nötigen Infos bekommen? Gab es einen Schwerpunkt auf bestimmte Berufsgruppen? Warum könnte dies (nicht) der Fall sein?

Darum habe ich mich für diesen Beruf entschieden

KV 17,
S. 38

Oft unterscheiden sich Theorie und Wirklichkeit, so unter Umständen auch bei der Berufswahl: Man informiert sich über einen Beruf und sucht eine entsprechende Stelle, um dann festzustellen, dass es doch nicht das war, was man wollte. Ein weiterer Baustein in der Berufsinformation, um solche Fehlentscheidungen zu vermeiden, kann ein Gespräch mit Menschen sein, die den „Traumberuf" schon länger ausüben oder auch gerade erst ergriffen haben, um mehrere Perspektiven auf dieselbe Tätigkeit zu haben. Natürlich sind diese Berichte stets subjektiv zu verstehen und können von Betrieb zu Betrieb unterschiedlich ausfallen, aber eine absolut neutrale Information wird man nicht erhalten können.

Die Schüler sollen anhand des vorliegenden Textes erkennen können, dass es sinnvoll ist, mit erfahrenen Menschen und Berufseinsteigern über ein Berufsbild zu sprechen.

Aufgabe 1 Gründe für Berufswahl

▷ Berufswahl, die mit den Lieblingsfächern Mathematik, Physik und Informatik zu tun hat
▷ Wunsch nach großer Firma mit mehreren Auszubildenden

Aufgabe 2 Eigene Überlegungen zu dieser Berufswahl

Die Schüler sollen begründen, warum sie sich (nicht) für den Beruf entscheiden würden.

Zeitmanagement

KV 18,
S. 39/40

In der Schule gibt es meist festgelegte Stundenpläne, um die herum sich der Alltag der Schüler aufbaut. Es ist klar: Die Zeit außerhalb der Schule muss in der Regel noch für Hausaufgaben genutzt werden, ein großer Teil steht aber als Freizeit zur Verfügung und man kann Hobbys und eigenen Interessen nachgehen. Trotz identischem Stundenplan sieht der Alltag der Schüler sicherlich verschieden aus.

Die Schüler sollen anhand der beiden Vorlagen erkennen, dass sich die Alltagsgestaltung mit einem Beruf verändert. Die Arbeitszeiten sind meist vorgegeben (natürlich gibt es auch Gleitzeit, die soll aber in diesem Modell keine Rolle spielen), ein Verschieben dieser Arbeit ist oft nicht möglich. Deshalb müssen alle anderen Termine um die Arbeitszeit herum geplant werden. Anders ist es mit Hausaufgaben: Diese müssen innerhalb eines Zeitfensters erledigt sein. Wann dieses Fenster ist, entscheiden die Schüler selbst. Je nach Stundenplan können feste Arbeitszeiten ohne Hausaufgaben allerdings eine deutliche Verbesserung darstellen.

Aufgabe 1 Erstellen eines typischen Wochenplans (Zeitmanagement als Schüler)

Die Schüler sollen in das Raster eine typische Woche eintragen: Mit Schulzeiten, Wegzeiten, typischen Hobbys … Anschließend sollen sie für sich bewerten, ob diese Freizeit für ihre Wunschtermine ausreichend ist.
Die Wochenpläne können im Plenum oder in Kleingruppen besprochen werden.

Aufgabe 2 Erstellen eines Wochenplans bei festgelegter Arbeitszeit (Zeitmanagement als Arbeitnehmer)

Die Schüler sollen nun um die festgelegten Raster ihre Freizeit planen. Auch hier gilt: Wegzeiten sind mit einzubeziehen.
Im Anschluss sollen die beiden Pläne miteinander verglichen und diskutiert werden:

▷ Wo liegen Vorteile und Nachteile der einzelnen Pläne?
▷ Wer schneidet besser/schlechter mit dem Plan eines Arbeitnehmers ab?

Kirchliche Berufe – eine Alternative?

KV 19,
S. 41

Bei allen bisherigen Berufsbetrachtungen sind kirchliche Berufe weniger in den Vordergrund gerückt: Sie stehen nicht in der Liste mit hohen Gehältern, sie stellen teilweise sehr spezielle Anforderungen an Interessenten (enthaltsames Leben, Armut, Gehorsam, Leben nach christlichen Regeln und Werten …). Trotzdem können sie eine interessante Alternative sein: Sie stellen eine Möglichkeit dar, Mitmenschen zu helfen und für sie da zu sein.

Die Schüler sollen sich über verschiedene kirchliche Berufe informieren und sich ein Bild davon machen. Das bedeutet nicht, dass die Schüler einen solchen Beruf ergreifen werden oder sollen, aber zumindest sollen sie erfahren, welche Berufe es im kirchlichen Bereich gibt und wie die dortigen Anforderungen und Aufgabenstellungen sind.

Aufgabe 1 **Bewertung der Berufsdarstellungen**

Hier wird erwartet, dass die Schüler mehr Informationen haben wollen: Gehalt, Arbeitszeiten, konkrete Ausbildung …

Aufgabe 2 **Genauere Informationen**

Auf der angegebenen Website finden sich genauere Informationen zu den dargestellten und weiteren kirchlichen Berufen. Diese können entweder in der Klasse gemeinsam angeschaut (Computer, Beamer, Internetzugang!) oder auch von den Schülern als Hausaufgabe betrachtet werden.

Nonne – ein alltäglicher Beruf?

KV 20, S. 42

Innerhalb der Kirche gibt es Berufe, die eine größere oder eine weniger große Veränderung des persönlichen Alltags erfordern. Sich für den Weg einer Nonne oder eines Mönchs zu entscheiden bringt sicherlich große Veränderungen mit sich, weshalb wohl nicht alle Schüler einen solchen Schritt nachvollziehen können.
Zunächst sollen die Schüler mit der Bildfolie an diese Thematik herangeführt werden.

Aufgabe 1 **Bildbeschreibung**

▷ Hintergrund: Mauer eines imposanten Gebäudes mit Tür und Eingangsportal (mit Schmuckelementen verziert). Vor der Mauer: Platz mit Pflastersteinen.
▷ Im Vordergrund: Zwei Nonnen mit Büchern im Arm.
▷ Die Nonnen scheinen zufrieden zu sein, da sie in die Kamera lächeln.

Aufgabe 2 **Wirkung auf Schüler**

Hier sollen die Schüler die Wirkung, die die Personen auf sie ausüben, beschreiben.

Eine ungewöhnliche Entscheidung

KV 21, S. 43

Wie wird man Nonne oder Mönch? Die Antworten auf diese Fragen sind so vielfältig wie die Personen, die man befragt. Ein Lebensweg soll auf diesem Arbeitsblatt vorgestellt werden, das die Entscheidung einer erfolgreichen Bankangestellten, in ein Kloster einzutreten und mit dem bisherigen Lebenswandel zu brechen, beschreibt.
Zu dieser Thematik finden sich im Internet, z.B. unter youtube, einige interessante Filme und Dokumentationen, die sich mit Schülern betrachten lassen.

Aufgabe 1 **Werdegang Schwester Katharinas**

▷ Studium, Weltreise, Start ins Berufsleben
▷ Trainee bei der Deutschen Bank, Arbeit in Frankfurt und Brüssel
▷ Freizeit in Fitnessstudio, verbringt Urlaube, singt im Chor, Mittagspause in der Kirche
▷ Interesse an Klosterleben, Besuch eines Klosters auf Zeit
▷ Wohnungsauflösung, ein letzter Skiurlaub
▷ Eintritt in Kloster 2007

Aufgabe 2 **Zwei Skizzen**

Die Schüler sollen je eine Skizze zu Sr. Katharinas Lebenswelten gestalten: Eine Skizze zu ihrem Lebensstil vor dem Klostereintritt, eine Skizze zu der Zeit danach. Dies können Zeichnungen sein, die Katrin/Sr. Katharina bei jeweils typischen Tätigkeiten zeigen, das können auch Farbkompositionen sein, die in unterschiedlichen Farben die Lebenswelten bewerten. Hierbei sind den Schülern keine Grenzen gesetzt. Im Anschluss an das Anfertigen der Skizzen können diese dem Plenum vorgestellt werden.

Aufgabe 3 **Leben im Kloster auf Zeit?**

Die Möglichkeit, in einem Kloster auf Zeit zu leben, wird von manchen Orden angeboten. Die Schüler sollen einschätzen, ob dies für sie selbst eine Option wäre. Es ist dabei zu klären, welche Folgen solch eine Entscheidung für die Zeit des Klosterlebens mit sich bringt: Verzicht auf Handy, Computer, Internet; festgelegte Tagesabläufe; regelmäßiges Beten und Arbeiten …

Der Tagesablauf in einem Kloster

KV 22,
S. 44

Wie Stundenpläne in der Schule, so sind auch Tagesabläufe im Kloster recht strikt festgelegt. Ein Beispiel dafür bekommen die Schüler auf dem Arbeitsblatt geboten, es lassen sich je nach Kloster aber andere Tagesabläufe finden. Die Schüler sollen hierbei erkennen, dass sich der Tagesablauf einer Nonne/eines Mönchs von anderen Tagesabläufen unterscheidet, zumindest im Hinblick auf festgelegte Gebetszeiten.

Aufgabe 1 **Vergleich der Tagesabläufe**

Hier kann das Arbeitsblatt „Zeitmanagement als Schüler" herangezogen werden, auf dem bereits ein Wochenplan zu finden ist.
Es ist zu erwarten, dass …

▷ die Schüler keine Gebetseinträge in ihren Tagesabläufen haben.
▷ die Essenszeiten entweder variieren oder gar nicht genau festgelegt sind.
▷ die Zeiten für die Nachtruhe konkreter sind.
▷ der Nachmittag zumindest zu einem größeren Anteil zu freien Verfügung steht.

Aufgabe 2 **Feste Tagesabläufe als Stütze, nicht als Belastung**

▷ Feste Tagesabläufe können Halt geben
▷ Klare Linien in der Alltagsstruktur

Mitarbeiter gesucht

Das Amtsgericht Hohenstein stellt zum 1.1.2017 ein:

1 Justizangestellte(n)

in Vollzeit/Vergütung nach TV-L (öffentlicher Dienst)

Anforderungen:

▶ **Abgeschlossene Berufsausbildung (z.B. RA-Fachangestellte)**
▶ **EDV-Kenntnisse und gute Schreibleistungen am PC**
▶ **Geordnete wirtschaftliche Verhältnisse, keine Vorstrafen**

Aufgaben:

▶ **Mitarbeit in verschiedenen gerichtlichen Fachbereichen**
▶ **Abwicklung des Parteiverkehrs (auch telefonisch)**
▶ **Sonstige Aufgaben in einer Serviceeinheit als Mitarbeiter(in) von Richtern und Rechtspflegern**

Weitere Informationen finden Sie im Internet unter

http://www.justiz.nordrhein-westfalen.de/berufe-und-stellen/arbeitnehmer

Bewerbungen richten Sie bitte bis **spätestens 6.11.2016** an das

Amtsgericht Hohenstein
Am Marktplatz 11,
46731 Hohenstein
z.Hd. Herrn Liebling
Geschäftsleiter des Amtsgerichts

E-Mail: poststelle@ag-sr.nordrhein-westfalen.de

1. Beschreibe die Stellenanzeige.

2. Könntest du die Erwartungen erfüllen?

3. Spricht dich die Stellenanzeige an? Begründe deine Antwort.

Bewerbungsschreiben

Um eine Arbeitsstelle zu bekommen, muss man sich um diese auch bewerben. Üblicherweise wird man das durch eine schriftliche Bewerbung tun, in der man sich mit seinen Fähigkeiten vorstellen muss. Sieh dir folgendes Bewerbungsschreiben an:

BEWERBUNGSSCHREIBEN

Sehr geehrte Damen und Herren,

mit großem Interesse habe ich Ihre Zeitungsanzeige vom Oktober gelesen, in der Sie einen Justizangestellten für das Amtsgericht suchen.
Da mich dieser Beruf interessiert, bewerbe ich mich dafür.

Zu mir selbst:

Ich habe im Juni meine Schullaufbahn mit dem Abitur abgeschlossen, danach habe ich drei Monate in Spanien verbracht, um meine Sprachkenntnisse in Spanisch zu vertiefen, was mir auch gelungen ist. Nun bin ich 19 Jahre alt und möchte anfangen, in einem spannenden Beruf zu arbeiten.

Meine Fähigkeiten/meine Vorzüge:

- Ich komme gut mit Computerprogrammen klar und kann auch schnell an der Tastatur schreiben.
- Ich spreche ganz gut Englisch und Spanisch, in Deutsch passieren mir kaum Rechtschreibfehler.
- Ich komme sehr gut mit Menschen klar, jeder findet mich sympathisch, wenn er mich kennenlernt.
- Ich bin ein guter Ausdauersportler und kann dafür als Ausgleich auch den ganzen Tag stillsitzen und mich auf meine Arbeit konzentrieren.
- Ich habe noch nie mit der Polizei zu tun gehabt, bin also nicht vorbestraft.

Was ich nicht so gut kann/meine Schwächen:

- Mathematik und naturwissenschaftliche Fächer liegen mir nicht so.
- Von Buchhaltung und Bilanzen habe ich keine Ahnung, bin aber sehr gerne bereit, mich in diese Themen einzuarbeiten und fortzubilden.
- Ich habe keine Berufsausbildung, hoffe aber, diese bei Ihnen zu erhalten.

Ich freue mich auf Ihre Antwort und eine Einladung zu einem Vorstellungsgespräch.

Viele Grüße

---

 1. Lies dir das Bewerbungsschreiben durch und überlege, ob der Bewerber die ausgeschriebene Stelle des Amtsgerichts Straubing erhalten wird.

2. Wie beurteilst du das Bewerbungsschreiben? Würdest du den Bewerber einstellen?

Berufe und ihr Ansehen (1)

„Ich will Feuerwehrmann werden!" So oder ähnlich lauten oft die Aussagen kleiner Kinder, wenn sie nach ihrem Berufswunsch gefragt werden. Die Kinder entscheiden sich sicherlich nicht für einen Beruf, weil er viel Geld bringt oder weil man auf einem bequemen Weg zu diesem Beruf kommt: Kinder entscheiden nach Sympathie. Vielleicht haben sie oft Feuerwehrleute gesehen, vielleicht sind in den Kinderbüchern häufig Feuerwehrleute abgebildet, vielleicht spricht das Umfeld gut über Feuerwehrleute. Denn jeder hat ein bestimmtes Bild und eine Einstellung zu vielen Berufen, die auch bei der Berufswahl eine Rolle spielen können, wobei das Ansehen einer Berufsgruppe nur bedingt ein wichtiges Kriterium sein wird.

 Aber überlege selbst: Wie stehst du zu folgenden Berufen? Schreibe vier Gedanken/ Gefühle um jeden Beruf:

Shutterstock / VanderWolf Images

fotolia / Benjamin Nolte / noltemedia

Shutterstock / Andrey_Popov

Berufe und ihr Ansehen (2)

Wie hoch das Ansehen der einzelnen Berufsgruppen in der Gesellschaft ist, das wird jedes Jahr aufs Neue erfragt. Im Jahr 2015 erhob das Forsa-Institut nach einer Befragung von 2 000 Personen folgende Ergebnisse (in Auszügen):

(Dargestellt ist jeweils der Anteil der Befragten, die ein sehr hohes oder hohes Ansehen von der jeweiligen Berufsgruppe haben.)

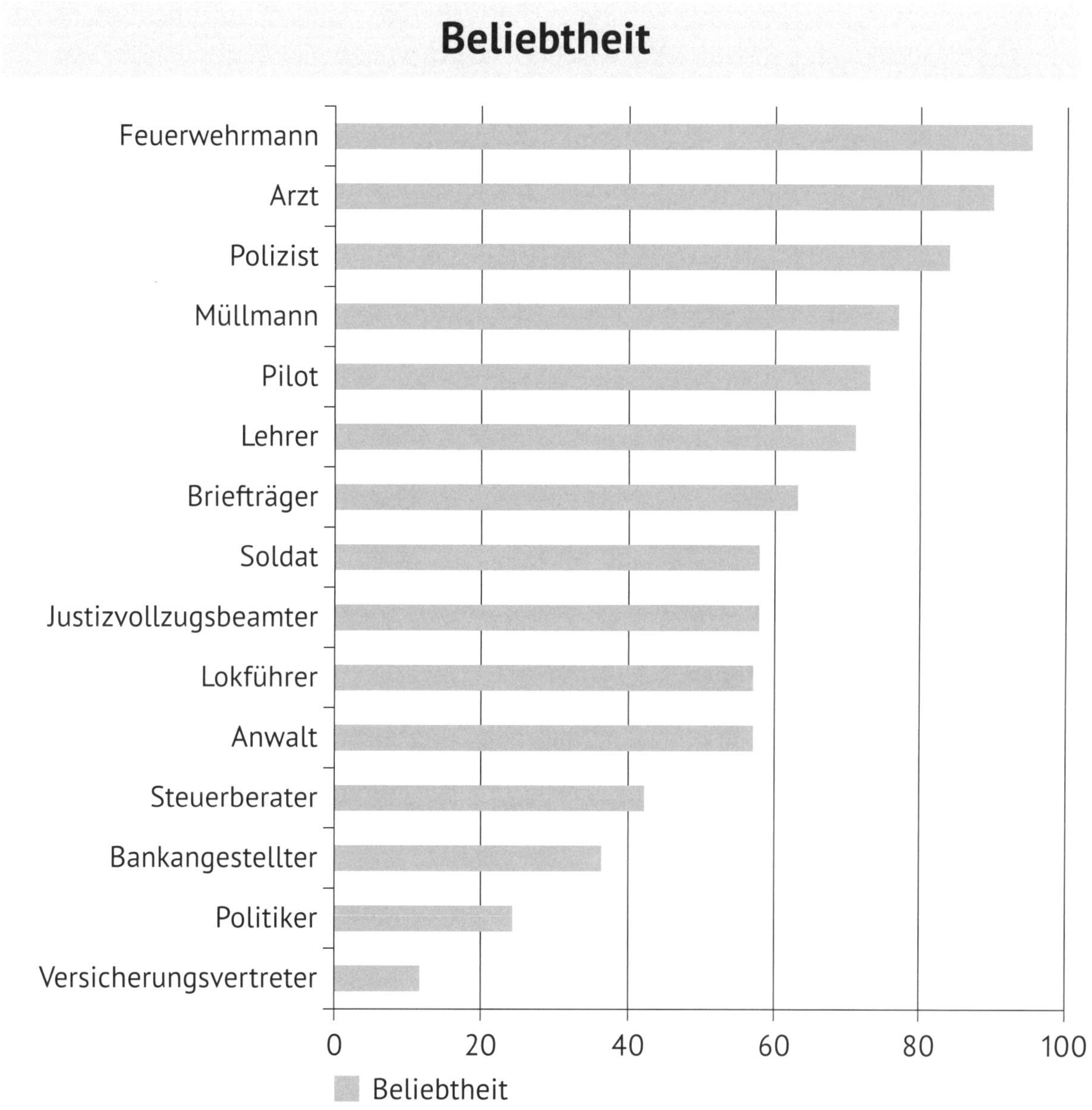

Beliebtheit

Feuerwehrmann
Arzt
Polizist
Müllmann
Pilot
Lehrer
Briefträger
Soldat
Justizvollzugsbeamter
Lokführer
Anwalt
Steuerberater
Bankangestellter
Politiker
Versicherungsvertreter

0   20   40   60   80   100

Beliebtheit

 1. Betrachte und beschreibe die dargestellte Beliebtheitsskala.

2. Versuche zu erklären, wie es zu dieser Reihenfolge kommen kann.

3. Kannst du dieser Rangfolge zustimmen oder würdest du Änderungen vornehmen? Wenn ja: welche?

Arbeit bringt Geld!

Mit dem Berufseinstieg ändert sich eines ganz bestimmt: Für das morgendliche
Aufstehen und Antreten zur Arbeit erhält man Geld. Ein ganz neues Gefühl!
Da kann man sich schon so manchen Traum erfüllen.

 Schreibe eine Wunschliste, was du dir von dem Geld kaufen willst, das du einmal
verdienen wirst.

Wunschliste

Was verdient eigentlich ...?

Geld verdienen ist schön und gut. Aber wie viel bekommt man für seine Arbeit? Das hängt sicherlich davon ab, welchen Beruf man ergreift. Auch auf den Arbeitsort kommt es an: In manchen Gegenden bekommt man für die gleiche Arbeit viel mehr Geld als anderswo, dafür sind die Lebenshaltungskosten entsprechend höher. Der Arbeitgeber spielt ebenfalls eine Rolle: Industriebetriebe zahlen oft mehr als kleine Unternehmen. Deshalb ist eine konkrete Aussage, welcher Beruf wie viel Geld bringt, nicht möglich. Aber es lässt sich ein Durchschnitt ermitteln. Einige monatlichen Durchschnittsgehälter (brutto, also vor Steuerabzug) siehst du hier*:

Arzt	6.400 €
Unternehmensberater	4.910 €
Anwalt	4.840 €
Architekt	4.490 €
Abteilungsleiter	4.290 €
Gymnasiallehrer	4.010 €
Bankkaufmann/-frau	3.570 €
Industriemeister	3.320 €
Chemiker	3.250 €
Polizist	3.090 €
Kfz-Mechaniker	2.880 €
Sozialarbeiter	2.820 €
Elektriker	2.730 €
Krankenschwester	2.580 €
Installateur	2.510 €
Tischler	2.100 €
Friseur	1.372 €

Die angegebenen Gehälter gelten erst nach der Berufsausbildung bzw. nach dem Studium.

1. Verschaffe dir einen Überblick über die einzelnen Durchschnittseinkommen.

2. Überlege, warum es solch großen Gehaltsunterschiede gibt.

3. Prüfe nach, ob es einen Zusammenhang gibt zwischen dem Durchschnittsgehalt und der Schulbildung.

4. Gibt es für dich noch andere Kriterien für eine Berufswahl außer der Höhe des Gehalts? Wenn ja, welche sind das?

* Zahlenmaterial: © Statistisches Bundesamt, Wiesbaden 2016

Was vom Gehalt übrigbleibt

Geld zu bekommen ist eine schöne Sache. Bei der Berufswahl spielt das mögliche Monatseinkommen bestimmt eine nicht zu vernachlässigende Rolle. Der Haken an der Sache: Die Gehaltsangaben sind Bruttolöhne. Das Geld kommt also nicht komplett auf dem eigenen Konto an. Und auch das eingegangene Geld kann man nicht völlig frei mit beiden Händen ausgeben, denn einige Ausgaben fallen jeden Monat aufs Neue an. Betrachten wir, welche Abzüge am Gehalt vorgenommen werden ...

Bei einem angenommenen Monatsgehalt von 4.500 € gelten folgende Zahlen für eine unverheiratete Person*:

Lohnsteuer:	20,2 %**	910,41 €
Solidaritätszuschlag:	5,5 % (auf Lohnsteuer)	50,07 €
Kirchensteuer:	9 % (auf Lohnsteuer)	81,93 €
Rentenversicherung:	9,35 %***	420,75 €
Arbeitslosenversicherung:	1,5 %***	67,50 €
Krankenversicherung:	7,3 %***	338,25 €
Pflegeversicherung:	1,2 %***	58,78 €
Nettolohn:		**2.572,31 €**

Du siehst: Der Geldbetrag, der auf dem eigenen Konto landet, ist deutlich geringer als der vereinbarte Bruttolohn.** *** Und nun kommen weitere Kosten auf dich zu:
Miete mit Nebenkosten (Strom, Heizung, Wasser, Telefon ...), evtl. weitere Versicherungen (Lebensversicherung, Berufsunfähigkeitsversicherung, Krankenzusatzversicherung ...), Auto (Reparaturen, Steuern, Benzin, Versicherung ...), Nahrungsmittel, Bekleidung.
Dann erst ist es dir möglich, über das übrige Geld frei zu verfügen.

1. Berechne für einen von dir gewählten Beruf den Nettomonatslohn.
Dazu musst du der Reihe nach folgende Schritte erledigen:
   ▷ Wähle einen Beruf, den du möglicherweise selbst einmal ausüben willst. Wenn du noch keine Vorstellung hast, wähle irgendeinen Beruf, der dir interessant erscheint.
   ▷ Informiere dich über den Monatsbruttolohn des Berufs.
   ▷ Berechne nach den oben stehenden Zahlen den Monatsnettolohn. Um die Berechnung einfach zu halten, wähle einen Lohnsteuersatz von 20 %.

2. Nun weißt du ungefähr, was als Nettolohn übrigbleiben würde. Ziehe pauschal für Wohnung (mit Nebenkosten), Auto und Versicherungen noch 800,– ab (in Städten 1000,–). Würde dir das Geld nun noch reichen?

---

* Quelle: focus.de/Gehaltsrechner

** Die Höhe der Lohnsteuer hängt vom Monatseinkommen ab. Je mehr man verdient, umso höher ist der Prozentsatz an Einkommensteuer, den man bezahlen muss.

*** Das ist nur der Arbeitnehmeranteil. Der Arbeitgeber muss noch einmal denselben Betrag zahlen.

Mein Traumberuf

Geld ist nicht alles im Leben. Diese Aussage sollte auch für die Berufswahl gelten. Sicherlich: Man möchte am Monatsende über ausreichend Geld verfügen, um ein angenehmes Leben führen zu können, eventuell möchte man auch später einmal eine Familie ernähren können. Aber wer kann sich schon vorstellen, 45 Jahre lang jeden Tag zur Arbeit zu fahren und seinen Beruf nicht zu mögen? Deshalb wird man sicherlich noch andere Kriterien für seine Berufswahl finden. Diese sind von Person zu Person unterschiedlich. Wie sieht dein Traumberuf aus? Überlege dir – ohne an einen bestimmten Beruf zu denken – Eigenschaften, die dein Traumberuf mitbringen sollte, und bring sie zu Papier.

Fotolia/Marco2811 #92384853

2

Berufe in der Klasse vorstellen (1)

Um sich für einen Beruf entscheiden zu können, ist es manchmal recht hilfreich, eine Informationsauswahl angeboten zu bekommen. Um euch selbst mit einem Berufsbild auseinanderzusetzen und auch eure Klassenkameraden an euren Ergebnissen teilhaben zu lassen, sollt ihr nun zu Experten für einen Beruf werden und diesen Beruf in der Klasse vorstellen. Folgender Arbeitsplan kann euch helfen:

1. Vorbereitung

Überlege zunächst, welchen Beruf du gerne vorstellen möchtest. Das muss nicht der Beruf sein, den du später ergreifen willst.

Sprich dich mit deinen Klassenkameraden ab, wer welchen Beruf vorstellt, um Doppelungen zu vermeiden.

Einigt euch in der Klasse darauf, wie ihr die Berufe am Schluss präsentieren wollt: Per Multimediapräsentation? Auf Plakaten? An einer Stellwand?

2. Recherche

Informiere dich nun über diesen Beruf. Wichtig sind z.B. folgende Punkte:

▷ Welche Voraussetzungen muss man mitbringen? Welche Schulfächer sind möglicherweise wichtig?

▷ Wie kommt man zu diesem Beruf? Muss man eine Lehre absolvieren oder ein Studium?

▷ Wie kann der Berufsalltag aussehen? Was sind die Aufgaben?

▷ Wo übt man diesen Beruf aus? In einer Firma? In einem kleinen Betrieb? Als Selbstständiger? Als Beamter?

▷ Wie können die Arbeitszeiten aussehen?

▷ Wie sieht der Verdienst aus?

Informationen findest du in der Regel unter www.biz.de, http://berufenet.arbeitsagentur.de/berufe/index.jsp

3. Präsentation

Bereite nun die Informationen, die du gesammelt hast, übersichtlich auf. Orientiere dich daran, was ihr anfangs in der Klasse festgelegt habt: Plakat, Präsentation oder Stellwand-Anschlag?

Für alle Fälle gilt: Kurz und prägnant nur die wichtigen Infos angeben, nicht alles, was du in Erfahrung gebracht hast. Ebenso wichtig ist die grafische Darstellung: Die Darstellung sollte nicht nur aus einheitlichem Text bestehen. Auflockernd wirken (aussagekräftige!) Bilder und Stichpunkte.

4. Nachdenken

Alle Mitschüler haben ihre Berufsbilder vorgestellt. Du hast nun eine gute Übersicht. War vielleicht ein Beruf dabei, der dich interessieren könnte? Dann frag den „Experten" dazu. Er kann dir sicher weitere Infos geben.

2

Berufe in der Klasse vorstellen (2)

Diesen Beruf finde ich interessant!

 1. Du wirst von deinen Klassenkameraden über verschiedene Berufe informiert. Notiere dir auf dem Blatt nun zwei der vorgestellten Berufe, die dein Interesse am meisten geweckt haben.

Beruf	
Das interessiert mich an diesem Beruf	

Beruf	
Warum kann ich mir diesen Beruf für mich (nicht) vorstellen	

Beruf	
Das interessiert mich an diesem Beruf	

Beruf	
Warum kann ich mir diesen Beruf für mich (nicht) vorstellen	

 2. Tausche dich nun mit einem Mitschüler darüber aus, welche Berufe ihr interessant fandet.

Darum habe ich mich für diesen Beruf entschieden

Erfahrungsberichte zu Berufen gibt es im Internet zuhauf. Diese sehen meist ähnlich aus wie folgender:

Volker, Auszubildender zum Elektroniker, berichtet:

„Meine Lieblingsfächer in der Schule waren Mathematik, Physik und Informatik. Gegen Ende meiner Schullaufbahn war mir klar, dass ich auch weiterhin mit diesen Themen zu tun haben möchte, und ich habe bei meiner Berufswahl darauf geachtet, dass diese Fächer auch dafür wichtig sind.

Neben den Schwerpunktfächern war mir aber auch wichtig, dass ich nicht als einziger Azubi in einer kleinen Firma anfange und vielleicht der einzige junge Mitarbeiter bin, sondern ich habe dann eine Stelle in einer größeren Firma gesucht, die jedes Jahr mehrere Auszubildende anstellt. Nun sind wir zu fünft ein gutes Team und können uns auch gegenseitig helfen, wenn es Probleme gibt.

Die Berufsausbildung unterscheidet sich in vielen Punkten vom Schulalltag: Zum einen sind die Arbeitszeiten länger als die Schulzeiten. Ich muss früher von zu Hause weggehen und komme später heim. Dafür habe ich nur an Berufsschultagen Hausaufgaben zu erledigen. In der Firma wird natürlich viel mehr Wert auf Praxis gelegt. Zunächst werden Themen theoretisch besprochen. Das erinnert schon an Schule. Aber direkt im Anschluss wird das, was man gerade besprochen hat, auch praktisch umgesetzt. Und man muss oft nachfragen: Es ist gar nicht so einfach, etwas Theoretisches selbst umzusetzen. Das klappt nicht immer sofort und man muss den Ausbilder um Hilfe bitten. Aber das Nachfragen ist oft erwünscht, deshalb muss man sich dafür nicht schämen.

Gewöhnungsbedürftig sind für einen Berufsanfänger die Regeln, die in der Firma gelten. Man muss Arbeitskleidung tragen, die dem persönlichen Schutz dient: Sicherheitsschuhe, Arbeitshose, manchmal auch Schutzbrille und Helm. Besonders modisch ist das nicht. Außerdem gibt es strenge Regeln bezüglich der Handybenutzung: Auf dem Betriebsgelände sind Handys absolut verboten. Wer dennoch mit einem eingeschalteten Handy erwischt wird, muss mit ziemlich viel Ärger rechnen. Das kann sogar so weit gehen, dass man seinen Arbeitsplatz verliert. Sobald man sich aber an diese Regeln gewöhnt hat, kann man damit sehr gut leben, und man hat während der Arbeit ohnehin keine Zeit, um auf das Handy zu schauen.

Wenn ich mich noch einmal für eine Berufsausbildung entscheiden müsste, würde ich wieder die Ausbildung zum Elektroniker wählen."

1. Lies dir den Text aufmerksam durch und fasse mit eigenen Worten zusammen, aus welchen Gründen Volker sich für seine Berufsausbildung entschieden hat.

2. Überlege, ob auch für dich eine solche Ausbildung in Frage kommen würde. Begründe deine Entscheidung.

(1) Zeitmanagement als Schüler

1. Als Schüler hast du mit Sicherheit einen straffen Wochenplan. Trage in den folgenden Plan deine Termine/Hobbys für eine „normale" Woche ein. Beachte bei den Terminen immer auch, wie lange du für die „Anreise" brauchst:

Uhrzeit	Montag	Dienstag	Mittwoch	Donnerstag	Freitag
6.00 – 7.00					
7.00 – 8.00					
8.00 – 9.00					
9.00 – 10.00					
10.00 – 11.00					
11.00 – 12.00					
12.00 – 13.00					
13.00 – 14.00					
14.00 – 15.00					
15.00 – 16.00					
16.00 – 17.00					
17.00 – 18.00					
18.00 – 19.00					
19.00 – 20.00					
20.00 – 21.00					
21.00 – 22.00					
22.00 – 23.00					

2. Hältst du deine Freizeit für ausreichend? Oder kommst du manchmal in Bedrängnis?

2

(2) Zeitmanagement als Arbeitnehmer

1. Du siehst denselben Wochenplan. Aber nun fallen schon mal deine Arbeitszeiten weg. Pro Tag sind das acht Stunden Arbeit, eine Stunde Pause und eine Stunde Arbeitsweg. Wie teilst du deine Termine nun ein?

Uhrzeit	Montag	Dienstag	Mittwoch	Donnerstag	Freitag
6.00 – 7.00					
7.00 – 8.00					
8.00 – 9.00					
9.00 – 10.00					
10.00 – 11.00					
11.00 – 12.00					
12.00 – 13.00					
13.00 – 14.00					
14.00 – 15.00					
15.00 – 16.00					
16.00 – 17.00					
17.00 – 18.00					
18.00 – 19.00					
19.00 – 20.00					
20.00 – 21.00					
21.00 – 22.00					
22.00 – 23.00					

Fahrt zur Arbeit

Arbeitszeit

Mittagspause

Arbeitszeit

Fahrt nach Hause

2. Du hast nun beide Wochenpläne im Vergleich. Welcher Plan ist der angenehmere für dich? Warum ist das so?

2

Kirchliche Berufe – eine Alternative?

Nicht nur in der freien Wirtschaft gibt es Arbeitsstellen, auch die Kirchen bieten Berufe an. Zwei Berufe sollen exemplarisch vorstellt werden. Informiere dich in den folgenden Texten, ob diese Stellen für dich eine Alternative sein können:

Pastoralreferent / in:

Gemeinsam mit den Menschen suchst du nach Wegen, wie sie das Evangelium in ihrem Alltag leben können: in Familie und Gemeinde, in Beruf und Gesellschaft. Dabei bist du vor allem in deiner theologischen Kompetenz gefragt: Rede und Antwort zu stehen in religiösen Fragen, „Geburtshelfer" zu sein, damit sich die Menschen als Christen weiterentwickeln sowie Kirche und Gesellschaft mitgestalten können.

Deine Einsatzgebiete sind vielseitig. Auf Seelsorgeeinheits- oder Dekanatsebene arbeitest du mit Jugendlichen und Erwachsenen, in der Sakramentenvorbereitung und im Religionsunterricht. Gemeinsam mit anderen gestaltest und leitest du Gottesdienste, begleitest Menschen, Gruppen und Gremien. Auf regionaler Ebene entfaltest du dein Engagement in der Familienseelsorge oder Erwachsenenbildung, an einer Hochschule oder im Krankenhaus, um nur einige Aufgabenbereiche zu nennen. Nahezu alle deine Begabungen und Fähigkeiten können beruflich zum Tragen kommen.

Als Pastoralreferent/-in hast du eine umfassende theologische und pastorale Ausbildung. Sie befähigt dich, Leitungsfunktionen wahrzunehmen und Aufgabenbereiche theologisch reflektiert und eigenverantwortlich zu übernehmen.

Religionslehrer / in:

Als Religionslehrer/-in bringst du deine ganze Persönlichkeit und deine Glaubensüberzeugung ins Spiel. Du bietest deine theologisch fundierten Standpunkte an, damit sich die Schüler damit auseinandersetzen. Dadurch können sie zu eigenständigen Persönlichkeiten reifen.

Deine Chance: mit Schülern in Kontakt zu sein, die keinen Bezug mehr zur Religion haben. Du kannst junge Menschen zum Nachdenken anregen – über die Fragen des Lebens, den eigenen Glauben und über christliche Werte in der Gesellschaft. Du kannst von ihren Fragen und Perspektiven lernen. Als Religionslehrer/-in vermittelst du Wissen über die Religionen dieser Welt. Vor allem zeigst du die frohmachende Botschaft des Evangeliums auf. Daraus kann sich für die Schüler der Sinn eines christlichen Lebens erschließen.

Du bist ihr Lebens-Trainer: Du begleitest junge Menschen auf ihrem Weg und stärkst in ihnen gute Werte, damit sie das Leben bejahen können.

1. Sind dir die Berufsdarstellungen aussagekräftig genug? Wenn nicht, welche Angaben fehlen dir?

2. Genauere Infos zu kirchlichen Berufen kannst du im Netz finden. Eine gute Seite ist http://www.berufe-der-kirche-freiburg.de/pages/berufe.php. Hier findest du auch kurze Filmsequenzen, die den jeweiligen Beruf veranschaulichen sollen.

3. Überlege, ob einer der kirchlichen Berufe für dich infrage käme. Überlege auch, warum (nicht).

Nonne – ein alltäglicher Beruf?

Colourbox

 1. Betrachte und beschreibe das Bild. Gehe dabei sowohl auf die Personen als auch auf den Hintergrund ein.

2. Wie wirken diese Personen auf dich? Begründe.

_____

_____

_____

_____

_____

_____

_____

Eine ungewöhnliche Entscheidung

Katrin ist Volkswirtin und hat bei der Deutschen Bank gearbeitet. Dann ist sie ins Kloster eingetreten. Heute lebt sie als Schwester Katharina am Starnberger See.

Die heute 41-Jährige ging gern in die Deutsche Bank. Dann aber schlich sich ein anderes Gefühl in das Leben der aufgeschlossenen Frau, die um die halbe Welt gereist war und vor der eine verheißungsvolle Karriere bei der Großbank lag: „Das Gefühl, ob das wirklich alles in meinem Leben gewesen ist." Doch wie kam es dazu?

Nach ihrem Studium ging sie rund um die Welt auf Reisen, bevor sie ins Berufsleben startete. Sie bewarb sich bei der Deutschen Bank und wurde in Stuttgart Trainee. Sie machte ihre Sache gut, wurde übernommen und befasste sich fortan mit mittelständischen Unternehmen von rund fünf Millionen Umsatz bis hin zu Baukonzernen. Einige Monate verbrachte sie in der Frankfurter Zentrale und in Brüssel und fand es „spannend zu erleben, wie internationale Kollegen arbeiten". Das klingt nach einer freudvollen Tätigkeit? „Aber ja. Das waren fünf gute Jahre, in denen ich viel gelernt und gesehen habe, die will ich nicht missen."

Äußerlich führte sie das Leben einer moderat ehrgeizigen, sportlichen jungen Frau, ging ins Fitnessstudio, fuhr Fahrrad, urlaubte in der Toskana, sang im Chor – „alles eben ganz normal", lacht sie. Einzig die Mittagspausen verbrachte sie nicht beim Steh-Italiener, sondern immer öfter in der Domkirche. Die lag nur wenige Minuten von ihrem Arbeitsplatz entfernt. „Irgendwann wurde der Wunsch stärker, mehr Zeit für mich zu haben und mir Fragen nach dem Sinn unseres Seins anzugucken. Und ich wusste, es sollte in einem religiösen Rahmen stattfinden."

Mit der Zeit wuchs ihr Interesse am Klosterleben und sie besuchte ein Kloster auf Zeit. Katrin entschied sich für das Leben als Ordensfrau. Sie tauschte ihre Kostüme gegen das schlichte Ordensgewand, trat 2007 ins Kloster ein und wurde Schwester Katharina. Zuvor löste sie ihre Wohnung auf, besuchte Freunde, verbrachte mit der Familie einen Skiurlaub. Oft hat sie in dieser Zeit des Umbruchs mit ihrem Bruder, der als Ökotrophologe auf Norderney arbeitet, gesprochen. „Meine Familie hat mich in meinem Entschluss unterstützt, dafür bin ich ihr dankbar."

Im Kloster unterwirft sie sich den strengen Regeln: Morgens um 5.30 Uhr gibt es die Laudes, das Morgenlob. Die Schwestern, das Durchschnittsalter beträgt 71 Jahre, treffen sich zum Mittagsgebet, zur Vesper am frühen Abend und zur Komplet um 19.45 Uhr. Wer mag, zieht sich dann in sein 12-Quadratmeter-Zimmer zurück, geht spazieren oder liest. „Wir sind ein Mehrgenerationenhaus mit integriertem Lebensstil, haben alles unter einem Dach, Arbeit, Freizeit, Bildung", sagt sie vergnügt. Nur das spontane Verreisen, das vermisst sie ab und zu.

1. Stelle den Werdegang Schwester Katharinas mit eigenen Worten zusammen.

2. Entwirf zwei kleine Skizzen oder Bilder: Ein Bild aus Sr. Katharinas früherem Leben und eines aus ihrem Leben als Nonne.

3. Wäre es für dich eine Option, für einige Tage in einem Kloster zu leben und den Alltag einer Nonne oder eines Mönchs zu erleben? Begründe.

Der Tagesablauf in einem Kloster

Wer in einen Orden eintritt, der unterwirft sich vielen Regeln. Nach einer mehrstufigen Bewährungsprobe kann man die ewige Profess ablegen und somit bis zu seinem Lebensende Aufnahme in die Ordensgemeinschaft finden. Für die meisten gab es vor dem Ordensleben auch ein „ziviles" Leben: Man lernte einen Beruf, gönnte sich materiellen Luxus, fuhr in den Urlaub, führte eine Beziehung. Auf viele dieser individuellen Freiheiten verzichten Nonnen und Mönche ganz bewusst oder erhalten zumindest seltener die Gelegenheit, sich etwas Luxus zu gönnen.

Selbst der Tagesablauf ist in der Regel relativ starr und festgelegt. Er kann folgendermaßen aussehen:

6.30 Uhr	Laudes (Morgengebet) und Eucharistiefeier
7.30 Uhr	Frühstück
8.00 Uhr	Arbeitszeit: Jede Nonne/jeder Mönch geht seiner Aufgabe im Kloster nach. Dies kann der erlernte Beruf sein oder auch eine andere Aufgabe, die ihm zugewiesen wird.
12.00 Uhr	Mittagsgebet
12.15 Uhr	Mittagessen, anschließend Mittagspause zur persönlichen Gestaltung.
14.00 Uhr	Arbeitszeit: Es werden wiederum die individuellen Arbeiten erledigt.
18.00 Uhr	Vesper (Abendgebet)
18.30 Uhr	Abendessen
Danach	Freizeit zur individuellen Gestaltung
Vor der Nachtruhe	Komplet (Nachtgebet)

Je nach Kloster können die Tagesabläufe stark variieren oder sich zumindest in den Zeiten voneinander unterscheiden.

1. Vergleiche den vorliegenden Tagesablauf mit deinem persönlichen Tagesablauf. Findest du Gemeinsamkeiten und Unterschiede?

2. Diese strikten Tagesabläufe werden von Nonnen und Mönchen meist nicht als Belastung, sondern als angenehm empfunden. Kannst du dir das erklären? Wie stehst du dazu?

Wer bin ich und was kann ich?

Hinweise für Lehrkräfte

Diese Einheit des Arbeitsheftes stellt die wohl schwierigste und persönlichste für die Schüler dar. Es wird über die Persönlichkeit der Schüler geredet werden, über eigene Wahrnehmung und Fremdeinschätzung, über Vorlieben und Abneigungen. Das verträgt sich nicht mit jeder Klassensituation, und es ist die Aufgabe des Lehrers, einzuschätzen, ob bestimmte Arbeitsschritte in der zu unterrichtenden Klasse durchgeführt werden können oder ob man diese besser übergeht. Andererseits hat es sich auch als hilfreich erwiesen, im Umgang miteinander mit offenen Karten zu spielen und nicht allzu sehr an Höflichkeitsformen und -floskeln festzuhalten. Inwiefern die Klasse einen direkten Umgang miteinander verträgt, das muss vorher gut beobachtet werden.

Wer ist das?

KV 23,
S. 50

Oft machen wir uns ein Bild von einer Person, wenn wir sie nur einmal gesehen haben. Es ist dazu auch gar nicht nötig, mit der Person zu sprechen oder sich über sie zu informieren: Das Auftreten einer Person spricht schon Bände. Man nennt das auch den „ersten Eindruck", den man nur sehr schwer wieder loswird, wenn er negativ ausgefallen ist. Dass dieser erste Eindruck aber auch auf eine völlig falsche Fährte locken kann, das soll die vorliegende Folie beweisen.

Abgebildet ist Stephen Hawking, geb. 1942 in Oxford, ein höchst renommierter Mathematiker und Physiker, der berühmt wurde durch seine Arbeiten auf dem Gebiet der Astronomie. Hawking leidet an Amyotropher Lateralsklerose. Diese Krankheit bewirkt die Degenerierung des motorischen Nervensystems. Seit 1968 ist Hawking auf einen Rollstuhl angewiesen, 1985 verlor er durch eine Folgeerkrankung seine Fähigkeit zu sprechen. Seitdem verwendet er dafür einen Sprachcomputer, den er mit den Augen und einem Wangenmuskel steuert. Hawking zählt wohl zu den genialsten Köpfen der zeitgenössischen Wissenschaft, was auch seine zahlreichen Auszeichnungen beweisen. Durch seine Krankheit ließ er sich nicht davon abbringen, weiterhin im Dienste der Forschung und der Wissenschaft tätig zu sein.

Aufgabe 1   **Personenbeschreibung**

▷ Mann, sitzt in einem speziellen Stuhl (als Rollstuhl hier wohl nicht erkennbar).
▷ Gesicht des Mannes durch hervorstehenden Kiefer und offenen Mund gezeichnet.
▷ Sitzhaltung des Mannes ist nach links geneigt, der Kopf ist nach rechts gedreht und wird von einer Kopflehne gehalten.
▷ Oberhalb der Oberschenkel des Mannes befindet sich ein Monitor, der durch ein Gestell so befestigt ist, dass der Mann daraufschauen kann.

Die Schüler können aufgrund dieser Beobachtungen zu dem Ergebnis kommen, dass die abgebildete Person nicht gesund ist, sondern unter einer Krankheit leidet, die ihren Alltag einschränkt. Dies führt möglicherweise zu entsprechenden Meinungen in Aufgabe 2.

Aufgabe 2 Mögliche Fähigkeiten dieser Person

Hier sind zahlreiche, sehr unterschiedliche Beiträge denkbar. Manche Schüler werden sich auf die körperlichen Fähigkeiten des Mannes beschränken. Dies hängt sicherlich auch damit zusammen, wie die Schüler den Umgang mit kranken und behinderten Menschen gewohnt sind. In jedem Falle muss die Lehrkraft darauf achten, dass hier keine despektierlichen und abwertenden Begriffe für die Personenbeschreibung und die Zuordnung der Fähigkeiten verwendet werden.

Wer bin ich?

KV 24,
S. 51

Um zu wissen, wohin man kommen will, muss man zunächst einmal wissen, wer man ist. Diese Definition verlangt weit mehr, als dass man nur die in seinem Ausweis befindlichen Daten wiedergibt. Die philosophische Frage nach dem „WAS" ist tiefgründiger. Jede Person besteht aus zahllosen Eigenschaften, Vorlieben und Abneigungen, derer man sich oft gar nicht bewusst ist. Anhand des vorliegenden Arbeitsblatts soll den Schülern die Möglichkeit gegeben werden, sich genau diese Fragen zu stellen. Dies gelingt sicher nicht in fünf Minuten, dazu braucht es eine längere Arbeitszeit. Möglicherweise ist es sogar angebracht, den Schülern die Möglichkeit zu geben, sich ganz aus dem Klassenzimmer zurückzuziehen und sich einen Platz im Schulhaus zu suchen, um nachdenken zu können.

Wichtig ist dabei auch, dass niemand gezwungen wird, die eigene Einschätzung seiner Person mit anderen zu teilen. Oft geschieht es, dass man sich selbst gern in einem Licht sieht, in dem man aber bei anderen Personen gar nicht erscheint. Oder man projiziert eigene Wünsche auf seine Persönlichkeit, die nicht gegeben sind. Auch für nachfolgende Aufgaben (z.B. den „heißen Stuhl") ist es von Vorteil, wenn man den Klassenmitgliedern nicht allzu viel von seiner eigenen Einschätzung mitgeteilt hat.

Sofern man auf den „heißen Stuhl" verzichtet und es dabei belässt, sich selbst einzuschätzen, ist es auch möglich, die Ergebnisse anonym vorzulesen und die Klasse raten zu lassen, um welche Person es sich handelt. Auch hier kann schnell deutlich werden, dass eigene Wahrnehmung und Fremdeinschätzung manchmal differieren. Es ist also notwendig, vorher mit der Klasse abzusprechen, ob diese Art der Arbeit gewünscht ist. Unter Umständen müssen einzelne Charakterpunkte weggelassen werden, wenn sie der Lehrkraft als nicht vertretbar oder gar absurd erscheinen.

Aufgabe 1 Eigene Charakterisierung

Die Schüler gestalten die freie Fläche auf dem Blatt nach ihren Wünschen, Meinungen und Vorstellungen. Hier kann es kaum eine einheitliche Gestaltung geben.

Das mache ich gern

KV 25,
S. 52

Neben den Charaktereigenschaften, die man sich gern zuschreibt, kann man sich auch über Hobbys definieren und finden. Mancher Schüler scheint im Unterricht die Lernziele nur knapp zu erreichen, gibt aber auf der Bühne den herausragenden Schauspieler oder kann mit seiner Band ganze Hallen in Ekstase versetzen. Diese Seiten der Schüler bleiben dem Lehrer und vielen Mitschülern oft verborgen. Aber auch diese Talente sind es wert, dass man sie schätzt und fördert. Auch für die spätere Berufswahl mögen Hobbys und Interessen eine nicht zu unterschätzende Rolle spielen. Deshalb ist es wichtig, sich dieser Hobbys bewusst zu sein. Eine kleine Struktur kann man in seine Interessen bringen, wenn man diese nach Fachgebieten ordnet, z.B. Kreativität, Wissen etc. Welche Kategorien das sind, mag jeder Schüler selbst definieren, ggf. können diese Fachgebiete auch in der Klassengemeinschaft vorab diskutiert werden.

Aufgabe 1   Sammeln von Hobbys und Interessen

Die Schüler sollen in Kreise ihre Interessen schreiben. Die Kreise sollen ein Thema umfassen, das entweder vorab in der Klasse definiert wurde oder frei gewählt werden kann.

Wer bist du?

KV 26,
S. 53

Sich selbst einzuschätzen, ist nicht einfach. Andere dagegen beurteilt man schon, wenn man sie das erste Mal sieht. Menschen haben eine Wirkung auf ihre Mitmenschen, ob sie das wollen oder nicht. Manchmal ist es deshalb sehr hilfreich, sich einen Spiegel vorhalten zu lassen, wer man ist, welche positiven und negativen Eigenschaften man hat. Nun liegt es in der Natur der Sache, dass junge, heranwachsende Menschen einen solchen Spiegel sehr oft von ihren Erziehungsberechtigten, Lehrern, Verwandten ... vorgehalten bekommen. Diese haben die Jugend oft schon lange hinter sich und können bestenfalls als Vorbilder oder akzeptierte Autoritäten gelten, sie gehören aber sicher nicht zur Peer-Group. Deshalb soll den Schülern hier die Möglichkeit gegeben werden, von Menschen im gleichen Alter und in einer vergleichbaren Situation eine Rückmeldung über ihre Wirkung zu erhalten. Dies sollte gründlich vorbereitet werden. Wie geht man hier miteinander um, ohne sich zu verletzen? Wie sagt oder schreibt man dem anderen, dass es auch störende Eigenschaften gibt oder Außenwirkungen, die so vielleicht nicht beabsichtigt waren? Auch dies sollte geübt oder eingehend besprochen werden.

Bei der Auswahl der Partner müssen nicht immer die besten Freunde miteinander agieren. Diese werden sicherlich wenig Kritisches zu bemerken haben, denn sonst hätte man sich andere Freunde ausgesucht. Ein bekannter, aber etwas distanzierter Mitschüler mag sich einen kritischeren Blick bewahrt haben und eine ehrliche Meinung sagen. Es ist aber auch darauf zu achten, dass sozial weniger geachtete Schüler (sofern in der Klasse vorhanden) hier nicht ausgegrenzt oder beleidigt werden.

Aufgabe 1   Mitschüler charakterisieren

Es werden Charaktereigenschaften, positive wie negative, auf dem Blatt vermerkt. Nach Fertigstellung des Arbeitsblattes (die Arbeitszeit sollte hier nicht zu kurz angesetzt werden!) sollte unbedingt über die aufgeschriebenen Punkte gesprochen werden, um keine Missverständnisse aufkommen zu lassen.

Der heiße Stuhl (Teil 1)/Arbeitskarte für die Lehrkraft

KV 27,
S. 54–56

Der heiße Stuhl wird zuweilen in der Jugendarbeit oder auf verschiedenen Freizeiten mit festen Gruppen durchgeführt. Es handelt sich hierbei um eine Konfrontation von Einzelpersonen mit Klischees, die man gegenüber Gruppen hat. Zum Beispiel kann man ein Mädchen mit Vorurteilen gegenüber Jungen konfrontieren, die vorher in der Gruppe gesammelt wurden. Der Vorteil: Das Mädchen wird diese Vorurteile nicht auf sich beziehen, da sie ja über eine andere Personengruppe (nämlich Jungen) gesammelt wurden.

Das Erlebnis: Die „Versuchsperson" kann bis zu einem gewissen Punkt nachvollziehen, wie sich Personen fühlen, wenn sie Stereotypen ausgesetzt sind.

Da der erste Teil nur die Vorstufe zu einem persönlicheren „heißen Stuhl" darstellt, müssen schon hier feste Regeln vereinbart werden, die unbedingt von allen Gruppenmitgliedern eingehalten werden müssen. Diese Regeln sind auf dem Blatt zu finden, das an die Schüler ausgeteilt wird. Alternativ besitzt nur die Lehrkraft ein Blatt und leitet die Schüler Schritt für Schritt an. Dann empfiehlt es sich aber, die Regeln auf einem Blatt oder Plakat zu fixieren und im Unterrichtsraum gut sichtbar aufzuhängen, sodass niemand behaupten kann, er habe die Regeln nicht gekannt. Diese Regeln dienen dem Schutz der Teilnehmer, damit niemand bloßgestellt wird oder sich schämen muss, weil er in der Mitte sitzt (wobei er diese Position vorab selbst ausgewählt haben wird). Die wichtigsten Regeln hierbei sind:

▷ Niemand wird ausgelacht.

▷ Niemand kommentiert das Geschehen spöttisch.

▷ Niemand redet, außer der Person, die an der Reihe ist.

▷ Niemand wird zu etwas gezwungen.

Weitere Regeln können vereinbart werden. Dies wird sicherlich der Fall sein, wenn der erste Teil des „heißen Stuhls" beendet ist und die Emotionen der Teilnehmer ausgewertet wurden.

Wie auf der Arbeitskarte beschrieben, wird ein Stuhlkreis gebildet. Dieser sollte groß genug sein, dass ein Stuhl in die Kreismitte gestellt werden kann. Niemand sollte den Stuhl berühren können. Der Stuhl in der Mitte bleibt zunächst frei (evtl. den Lehrerstuhl verwenden).

Sodann werden Karteikärtchen verteilt. Diese sollten der besseren Übersicht wegen verschiedene Farben haben. Für jeden geplanten Durchgang sollte eine eigene Farbe bereitliegen. In der ersten Runde werden beispielsweise alle Vorurteile und Stereotypen aufgeschrieben, die es gegenüber Jungen gibt. In der zweiten Runde können Vorurteile gegenüber Mädchen aufgeschrieben werden, anschließend gegenüber alten Menschen usw. Der Phantasie sind hier keine Grenzen gesetzt.

Nachdem die Kärtchen eingesammelt und auf farblich getrennte Stapel gelegt wurden, darf sich eine Person auf den Stuhl in der Mitte setzen. Diese Person sollte keinesfalls etwas mit den Personen zu tun haben, die als Vorbild für die Karten galten. So sollte beispielsweise für den Kartenstapel „Jungen" ein Mädchen ausgewählt werden und andersherum. Dies hat zur Folge, dass die vorgetragenen Adjektive, mit denen die Einzelperson im Folgenden bezeichnet werden wird, i.d.R. nicht mit ihr in Verbindung gebracht werden.

Sobald eine Person in der Mitte sitzt, kreist der Kartenstapel. Der Schüler, der den Kartenstapel in der Hand hat, nimmt die obere Karte, und liest vor: „Du bist ..." und ergänzt das aufgeschriebene Adjektiv. Danach legt er die Karte verdeckt unter den Stapel und gibt den Stapel weiter. So kreist der Stapel, bis er wieder beim ersten Schüler angelangt ist. Da mit Doppelungen zu rechnen ist, empfiehlt es sich, dass alle Schüler zwei oder drei Karten einer Farbe beschriften, um doppelt vorkommende Adjektive unausgesprochen zur Seite legen zu können. Sobald die Runde beendet ist, werden die Karten zur Seite gelegt, die

Person in der Mitte darf wieder auf ihren ursprünglichen Platz gehen und berichten, wie sie sich gefühlt hat, als sie mit Adjektiven bezeichnet wurde, die gar nicht auf sie zutreffen. Meist dürfte dies kein gutes Gefühl gewesen sein.

Im Anschluss bietet sich eine Diskussion über Vorurteile an, wie sie entstehen und wie man ihnen entgegentreten kann.

Der heiße Stuhl (Teil 2)

Diese Variante des „heißen Stuhls" berührt die Schüler nun auf einer persönlicheren Ebene. Standen in Teil 1 allgemeine Vorurteile und Stereotypen im Mittelpunkt, so werden nun Adjektive und Eigenschaften thematisiert, die auf den Schüler in der Mitte zutreffen. Wie einige Schüler bereits in Teil 1 erfahren konnten, ist es nicht immer angenehm, in der Mitte zu sitzen und sich mit Adjektiven „bombardieren" zu lassen. Deshalb müssen einige Veränderungen vorgenommen werden:

▷ Der Stuhlkreis wird zu einem Halbkreis: Niemand sitzt hinter der Person, die sich freiwillig meldet.

▷ Es wird vorab festgelegt, wer sich auf den Einzelplatz setzen möchte. Niemand wird hierbei gezwungen.

▷ Die freiwillige Person darf sich drei Klassenkameraden aussuchen, von denen sie hören möchte, wie sie auf andere wirkt. Alle anderen Schüler enthalten sich eines Kommentars.

▷ Die beschriebenen Wirkungen werden nicht kommentiert, so gern man das auch möchte. Denn auch, wenn man so nicht wirken möchte: Die beschriebene Wirkung erzielt man und kann sie auch durch Rechtfertigungen nicht ändern. Man kann sie nur ändern, wenn man tatsächlich etwas an seinem Verhalten ändert. Nicht, indem man es rechtfertigt.

▷ Es muss sehr darauf geachtet werden, dass die Schüler vorsichtig miteinander umgehen. Sobald die Atmosphäre aufgeladen ist oder die Kommentare beleidigend werden, sollte ein Abbruch des „heißen Stuhls" in Erwägung gezogen werden.

Wer ist das?

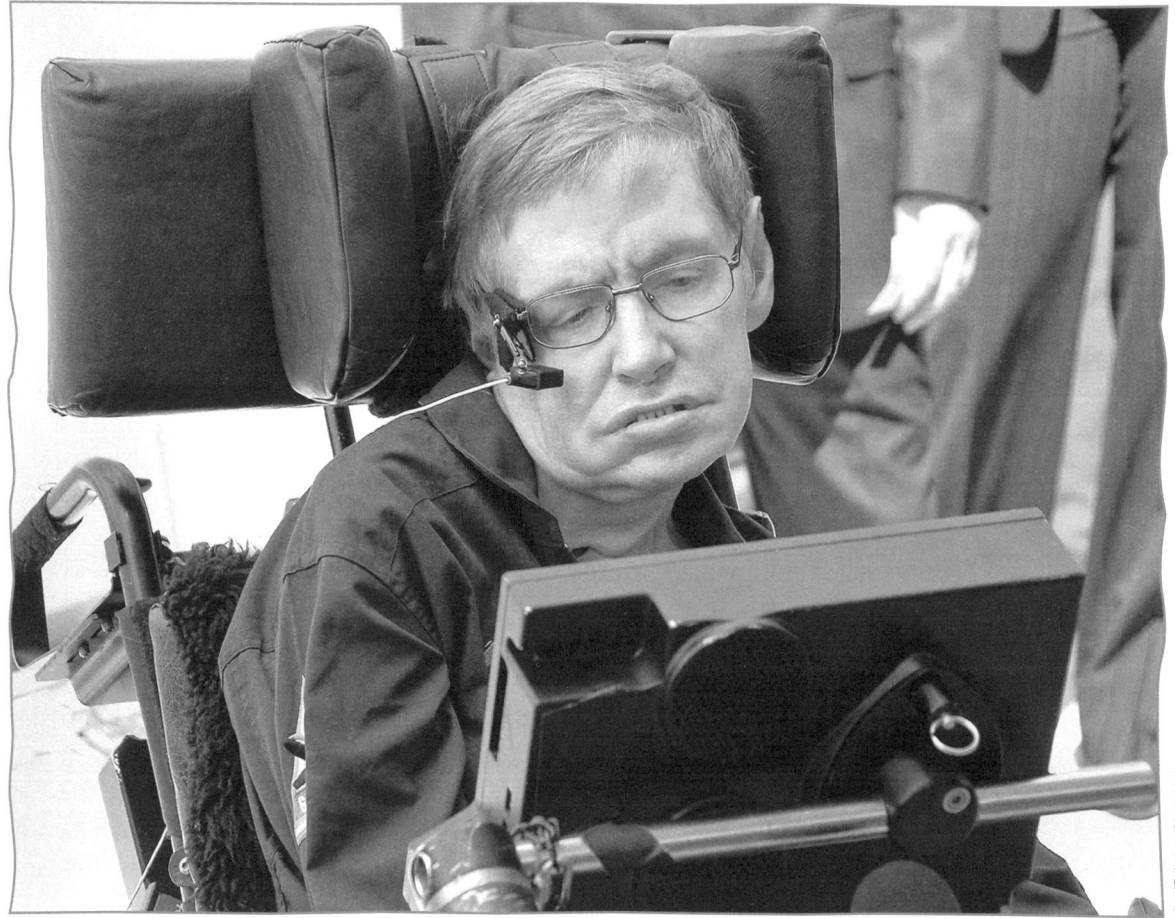

akg./Science Photo Library

1. Beschreibe die Person.

2. Überlege, welche Fähigkeiten diese Person haben könnte.

Wer bin ich?

Diese Frage ist leicht zu beantworten: Jeder kennt doch seinen eigenen Namen!
Aber sind wir nicht mehr als nur eine Zusammensetzung von Buchstaben, wenn wir
uns beschreiben sollen?

Die Frage zielt auf viel mehr ab: Welche Eigenschaften habe ich? Was sind meine Vorlieben und meine Abneigungen? Was sind meine Fähigkeiten und Schwächen? Was sind
meine Gedanken und Wünsche? Auch das ist in der Frage „Wer bin ich?" enthalten.

 Nimm dir etwas Zeit und versuche, diese Fragen für dich zu beantworten. Bringe
deine Ergebnisse zu Papier. Schreibe um die Frage herum auf, was dir durch den
Kopf geht. Du kannst auch dazu zeichnen. Deine Ergebnisse musst du niemandem
zeigen.

**WER
BIN ICH?**

Das mache ich gern

Nicht nur Schulbildung und Schulabschlüsse sagen etwas über die Fähigkeiten und Interessen einer Person aus. Hobbys und Freizeitaktivitäten verraten ebenso viel. Nicht alles davon wird man direkt im Beruf umsetzen können, viele Menschen entscheiden sich sogar bewusst dafür, ihr Hobby nicht zum Beruf zu machen, sondern das Hobby als Ausgleich zum Beruf zu sehen.

 Was sind deine Interessen und Begabungen?
Fülle die Kreise mit Interessen und Begabungen aus, die du hast.
Versuche, diese nach Kategorien zu ordnen, z.B. Sport, Kreativität, Wissen ...
Was sagen deine Hobbys über dich aus?

Kategorie

Kategorie

Kategorie

Kategorie

Wer bist du?

Es ist unter Umständen schwer, sich selbst zu beschreiben. Von seinen Mitmenschen dagegen hat man oft ein bestimmtes Bild. Man meint, ihre positiven und negativen Seiten zu erkennen. Aber nimmt sich der andere auch so wahr, wie man das selbst tut? Und weiß man, was der andere von einem denkt?

Manchmal tut es gut zu erfahren, wie man auf andere Menschen wirkt. Diese Chance erhältst du nun.

Suche dir einen Mitschüler als Partner aus und schreibe auf, welche positiven und welche weniger positiven Seiten du an ihm siehst. Überlege gut, was du auf dem Zettel niederschreiben willst. Gehe so behutsam mit deinem Arbeitspartner um, wie er auch mit dir umgehen soll. Formuliere deine Beobachtungen nie beleidigend oder verletzend. Nachdem ihr die Zettel ausgetauscht habt, sprecht über eure jeweilige Wahrnehmung. Vielleicht lernt ihr Seiten an euch kennen, die euch bisher verborgen waren!

So sehe ich dich

 KV 26

Der heiße Stuhl – Teil 1

Gegenüber fast allen Personen oder Gruppen gibt es Vorurteile und Klischees.
Es gibt auch Erwartungen, die an eine Gruppe gestellt werden, die aber nicht zwingend zutreffen müssen. Ein Beispiel kann sein:

Schüler...
▷ ... sind morgens pünktlich in der Schule.
▷ ... verhalten sich frech gegenüber den Lehrern.
▷ ... machen immer ihre Hausaufgaben.
▷ ... schwätzen ständig.
▷ ... haben nur Unsinn im Kopf.

▷ ... haben am Nachmittag eh nichts zu tun.
▷ ... müssen morgens früh aufstehen.
▷ ... wollen immer die neuesten und angesagtesten Klamotten haben.
▷ ...

Ihr merkt sicherlich, dass vielleicht der eine oder andere Punkt auf euch zutreffen mag, aber keinesfalls können alle Punkte stimmen, da sie sich teilweise widersprechen. Jeder hat andere Erwartungen an eine Person oder Personengruppe, sodass man gar nicht allen Erwartungen gerecht werden kann. Aber wie fühlt man sich, wenn man mit diesen Annahmen und Vorurteilen konfrontiert wird? Es sind ja nicht nur Vermutungen, die ich aufgrund meiner Zugehörigkeit zu einer bestimmten Gruppe zu ertragen habe, sondern an jeden Einzelnen werden konkrete Forderungen und Vorurteile herangetragen, mit denen man sich auseinandersetzen kann.

Zunächst muss man ja erst einmal erfahren, welche Erwartungen denn überhaupt bestehen oder welche (Vor)Urteile jemand mir gegenüber hegt. Da können in der Regel offene Gespräche mit Freunden helfen, um sich zumindest ein etwas genaueres Bild zu machen. Allen Erwartungen wird man nie gerecht werden können, und dies muss man akzeptieren.

Um sich in die Tatsache hineinversetzen zu können, dass es Vorurteile jemandem gegenüber gibt, wollen wir ein kleines Experiment wagen.

Bildet dazu einen Stuhlkreis, ein Stuhl bleibt leer in der Mitte stehen.

Ihr erhaltet Kärtchen, die ihr nach Anleitung der Lehrkraft ausfüllt. Nehmt euch dazu ein paar Minuten Zeit und denkt gut nach.

Die Kärtchen werden eingesammelt und verdeckt auf Stapel gelegt.

Befolgt die Anweisungen der Lehrkraft und haltet euch an die Regeln:
▷ Niemand wird ausgelacht!
▷ Niemand macht spöttische Kommentare!
▷ Es redet nur derjenige, der an der Reihe ist!
▷ Niemand wird zu etwas gezwungen!

KV 27 (1)

Der heiße Stuhl – Teil 1

(Arbeitskarte für die Lehrkraft)

▷ Lassen Sie einen Stuhlkreis aufbauen. Ein Stuhl wird in die Mitte gestellt. Dieser bleibt frei.

▷ Teilen Sie leere farbige Karteikärtchen aus. Jeder Schüler erhält so viele Kärtchen, wie er möchte.

▷ Die Schüler sollen auf diese Kärtchen schreiben: „Jungen sind ..." und ein Adjektiv ergänzen.

▷ Nach 3 Minuten werden die Kärtchen eingesammelt.

▷ Teilen Sie erneut Karteikärtchen in einer anderen Farbe aus. Nun schreiben die Schüler „Mädchen sind ..." und ergänzen ein Adjektiv.

▷ Die Kärtchen werden nach 3 Minuten eingesammelt.

▷ Die Schüler setzen sich in einen Kreis, es werden die Regeln besprochen:
  → Es redet nur die Person, die an der Reihe ist.
  → Die Person, die gleich in der Mitte sitzt, darf erst ganz am Ende reden und keine Eigenschaft kommentieren.
  → Niemand wird ausgelacht oder zum Ziel von Witzen.

▷ Eine Person setzt sich freiwillig auf den Stuhl in der Mitte.

▷ Ist die Person ein Junge, so werden die Kärtchen verwendet, auf denen steht: „Mädchen sind ...".

▷ Der Kartenstapel wird verdeckt herumgegeben. Der Schüler, der an der Reihe ist, nimmt das oberste Kärtchen, dreht sie um und ersetzt beim Vorlesen den Satz: „Mädchen sind ..." durch „Du bist" und liest das Adjektiv vor. Die vorgelesene Karte wird zur Seite gelegt, der Kartenstapel weitergegeben.

▷ Wenn jeder eine Karte vorgelesen hat, ist die Runde zu Ende.

▷ Der Schüler in der Mitte verlässt den heißen Stuhl, setzt sich an seinen Platz und sagt, wie er sich dabei gefühlt hat, Eigenschaften an den Kopf geworfen zu bekommen, die nur Vorurteile sind.

▷ Der Vorgang kann mit weiteren Schülern wiederholt werden. Es sollte darauf geachtet werden, dass Schüler und Schülerinnen gleichermaßen in der Mitte sitzen, sofern sich ausreichend Freiwillige finden.

▷ Zum Abschluss sollte eine Diskussion über Vorurteile und die Wahrnehmung anderer Personen stattfinden, in denen jeder Schüler seine Meinung äußern darf.

Der heiße Stuhl – Teil 2

Manchmal tut es ganz gut, von anderen Menschen offene Meinungen zu hören, auch wenn sie unangenehm sind. Denn viele Eigenarten, seien sie positiv oder negativ, sind einem nicht bewusst, sondern haben sich im Laufe der Zeit eingeschlichen oder sind einem noch gar nicht aufgefallen. Wie aber soll man diese Eigenarten ablegen, wenn man gar nicht weiß, dass man sie hat? Deshalb erhältst du heute die Chance, deine Eigenarten kennenzulernen. Wichtig bei der folgenden Aktion ist, dass ihr euch als Klasse schon recht gut kennt und auch wisst, wer eure Freunde sind und mit wem ihr weniger zu tun habt.

Vorbereitung:

Räumt alle Tische zur Seite und bildet einen Stuhl-Halbkreis. Ein einzelner Stuhl wird auf die offene Seite des Halbkreises gestellt, sodass die Sitzfläche zu den anderen Stühlen zeigt. Dieser Stuhl, der „Heiße Stuhl", bleibt als einziger frei. Hinter dem einzelnen Stuhl darf sich keine Person aufhalten.
Ihr legt dicke Filzstifte und bunte Zettel bereit.

Durchführung:

Ihr besprecht mit eurem Lehrer noch einmal die Regeln und vereinbart, was bei einem Regelbruch passiert (z.B. dass die Person, die die Regel gebrochen hat, für kurze Zeit das Zimmer verlassen muss). Eine Person setzt sich freiwillig auf den heißen Stuhl in der Mitte. Sie wählt drei Klassenkameraden aus. Diese drei Klassenkameraden überlegen sich, welche Eigenschaften auf die Person in der Mitte zutreffen, und jeder schreibt die drei Eigenschaften auf drei Kärtchen, sodass am Ende neun Kärtchen beschriftet sind. Anschließend legt einer nach dem anderen die drei Kärtchen in die Mitte und beschreibt, was er damit meint. Das könnte so klingen: „Ich finde, dass du sehr fleißig bist, weil ...". Nachdem alle drei ihre Kärtchen ausgebreitet und erklärt haben, darf die Person in der Mitte sagen, wie sie sich fühlt. Sie soll nicht die Meinungen und Eigenschaften kommentieren, sondern nur sagen, wie es ihr gerade geht. Im Anschluss setzt sich die Person wieder in den Halbkreis und eine andere Person geht auf den heißen Stuhl.
Eine Anregung: Natürlich könnt ihr eure engen Freunde wählen, die euch eure Eigenschaften sagen. Aber ist es nicht interessanter zu erfahren, was jemand anderes von einem denkt, der nicht zum engen Freundeskreis gehört? Der vielleicht sogar ehrlicher ist?

Regeln:
- ▷ Niemand wird beleidigt oder gedemütigt!
- ▷ Die Situation wird nicht ausgenutzt, um „offene Rechnungen" zu begleichen!
- ▷ Eigenschaften werden ehrlich formuliert, ohne nur negativ zu sein!
- ▷ Die vorgestellten Eigenschaften werden nicht kommentiert, es spricht immer nur die aufgerufene Person!
- ▷ Weitere Regeln können noch vereinbart werden.